Se Protéger des Cyclones
Par : Collection Plus Simple la Vie
©2024

Table des Matières

Introduction

Les cyclones sont des phénomènes météorologiques puissants qui peuvent provoquer d'importants dégâts matériels et mettre en péril des vies humaines. Face à ces tempêtes destructrices, une bonne préparation est essentielle pour réduire les risques et protéger sa famille, ses biens et sa communauté.

Les dangers liés aux cyclones sont multiples : vents violents, précipitations intenses, inondations, vagues submersives, tornades et glissements de terrain. Ces événements peuvent entraîner la destruction d'infrastructures, des coupures de courant prolongées et des difficultés d'accès aux secours.

Ce guide a pour objectif de vous fournir des conseils pratiques et accessibles pour mieux anticiper l'arrivée d'un cyclone, réagir efficacement pendant la tempête et gérer l'après-coup. En adoptant les bonnes mesures de prévention, vous serez mieux préparé à affronter ces phénomènes extrêmes et à en limiter les conséquences.

Comprendre les Cyclones

Définition

Les cyclones, également connus sous le nom d'ouragans ou de typhons selon leur emplacement géographique, sont des phénomènes météorologiques caractérisés par une circulation cyclonique des vents autour d'un centre de basse pression atmosphérique, appelé "œil". Ces systèmes sont généralement accompagnés de vents violents et de précipitations intenses, pouvant causer des dommages importants aux infrastructures et menacer la vie humaine. Les cyclones se forment principalement au-dessus des eaux chaudes des océans tropicaux et peuvent atteindre différentes intensités, allant des tempêtes tropicales aux ouragans majeurs, en fonction de la vitesse des vents soutenus.

Formation des Cyclones

La formation des cyclones est un processus complexe qui nécessite des conditions atmosphériques spécifiques et des facteurs océaniques favorables. Voici les étapes clés du processus de formation des cyclones :

Convergence de l'Air Chaud et Humide : La formation d'un cyclone commence par la convergence de masses d'air chaud et humide au-dessus de la surface de la mer, généralement dans les régions tropicales et subtropicales.

Soulèvement de l'Air : Lorsque cette masse d'air chaud et humide s'élève, elle se refroidit et se condense, libérant de la chaleur latente dans l'atmosphère. Ce processus de refroidissement entraîne la formation de nuages et de précipitations.

Formation d'une Dépression Atmosphérique : Si les conditions sont propices, avec des températures de surface de la mer supérieures à 26°C et des vents de haute altitude relativement faibles, un système de basse pression peut se former et s'organiser en une dépression atmosphérique.

Rotation et Développement : À mesure que la dépression atmosphérique se renforce, la rotation de la circulation des vents s'intensifie autour d'un centre de basse pression, appelé "centre du cyclone". Cette rotation crée un effet de spirale et favorise le développement du système.

Formation de l'Œil : Au centre du cyclone, un "œil" calme se forme, entouré de bandes de pluie et de vents violents appelées "bandes spirales". L'œil est une zone de faible pression relative et de temps calme, bien que les vents à l'intérieur de l'œil puissent être extrêmement violents.

Intensification et Trajectoire : Les cyclones peuvent s'intensifier en tempêtes tropicales, ouragans ou typhons, en fonction de la vitesse des vents soutenus. Leur trajectoire dépend de nombreux facteurs, notamment les vents en altitude, la température de la mer et les systèmes météorologiques environnants.

En comprenant ces étapes du processus de formation des cyclones, les météorologues peuvent prévoir et surveiller ces phénomènes météorologiques dangereux, permettant ainsi aux populations de se préparer et de se protéger en conséquence.

Points supplémentaires à considérer

Voici quelques points supplémentaires à considerer concernant la formation des cyclones :

Interaction avec la topographie : La topographie de la région où se forme un cyclone peut influencer son développement et son intensité. Par exemple, les cyclones qui approchent des côtes montagneuses peuvent subir un phénomène appelé "effet de cap", où les vents sont forcés de s'élever au-dessus des montagnes, ce qui peut renforcer les précipitations et causer des inondations dévastatrices dans les vallées.

Effet de refroidissement par évaporation : Lorsque les vents forts des cyclones passent au-dessus de la surface de la mer, ils peuvent entraîner une évaporation rapide de l'eau, ce qui refroidit l'air environnant. Cela peut contribuer à l'intensification du cyclone en renforçant le contraste thermique entre l'air chaud au sol et l'air refroidi en altitude.

Influence des conditions atmosphériques en altitude : Les vents de haute altitude et les cisaillements du vent peuvent avoir un impact significatif sur la formation et l'intensification des cyclones. Un cisaillement du vent faible ou modéré sur une large gamme d'altitude peut favoriser la circulation cyclonique et permettre au cyclone de se renforcer, tandis qu'un cisaillement du vent fort peut perturber la structure du cyclone et entraîner son affaiblissement.

Interaction avec d'autres systèmes météorologiques : Les cyclones peuvent interagir avec d'autres systèmes météorologiques, tels que les fronts froids ou les ondes tropicales, ce qui peut influencer leur trajectoire et leur intensité. Ces interactions peuvent rendre la prévision des cyclones encore plus complexe et nécessitent une surveillance météorologique continue.

Types de cyclones (ouragans, typhons, cyclones tropicaux)

Les cyclones, bien qu'ils partagent des caractéristiques similaires en termes de formation et de structure, sont appelés différemment en fonction de leur emplacement géographique. Voici une explication des principaux types de cyclones :

Ouragans

Les ouragans sont des cyclones tropicaux extrêmement puissants qui se forment dans l'océan Atlantique Nord et dans la région orientale du Pacifique Nord. Ils sont caractérisés par des vents soutenus d'au moins 119 km/h (74 mph) et peuvent provoquer des dégâts considérables sur terre et en mer.

Quelques points importants à retenir sur les ouragans

Formation : Les ouragans se forment au-dessus des eaux chaudes de l'océan Atlantique, généralement entre les mois de juin et novembre. Les conditions favorables comprennent des températures de surface de la mer d'au moins 26°C et des vents de haute altitude relativement faibles.

Structure : Un ouragan typique se compose d'un "œil" calme au centre, entouré d'une "zone de convergence" où les vents sont les plus forts et les pluies les plus intenses. Les ouragans sont classés en différentes catégories en fonction de leur intensité, mesurée par la vitesse des vents soutenus.

Catégories : Les ouragans sont classés en cinq catégories en fonction de la force de leurs vents. La catégorie 1 représente les ouragans les moins intenses, avec des vents de 119 à 153 km/h, tandis que la catégorie 5 représente les ouragans les plus dévastateurs, avec des vents de plus de 252 km/h.

Impact : Les ouragans peuvent causer des dommages étendus, notamment des vents destructeurs, des inondations côtières en raison de la montée des eaux et des précipitations torrentielles. Les ouragans peuvent également provoquer des tornades, des glissements de terrain et des coupures de courant généralisées.

Typhons

Les typhons sont des cyclones tropicaux puissants qui se forment dans la région occidentale du Pacifique Nord, généralement à l'est de la ligne de changement de date. Similaires aux ouragans et aux cyclones tropicaux, les typhons sont caractérisés par des vents soutenus d'au moins 119 km/h (74 mph) et des conditions météorologiques extrêmes.

Quelques points clés à retenir sur les typhons

Formation : Les typhons se forment au-dessus des eaux chaudes de l'océan Pacifique, généralement entre les mois de mai et novembre. Les conditions propices à leur formation comprennent des températures de surface de la mer élevées et des vents de haute altitude relativement faibles, similaires aux conditions de formation des ouragans.

Structure : Tout comme les ouragans, les typhons présentent une structure en spirale avec un "œil" calme au centre, entouré de bandes de pluie et de vents violents. L'intensité des typhons varie en fonction de la catégorie de la tempête, mesurée par la vitesse des vents soutenus.

Impact : Les typhons peuvent avoir des conséquences dévastatrices, y compris des vents destructeurs, des pluies torrentielles entraînant des inondations et des glissements de terrain, ainsi que des marées de tempête provoquant des inondations côtières. Les typhons peuvent également causer des dommages aux infrastructures et aux cultures, ainsi que des perturbations majeures dans les transports et les services publics.

Cyclones Tropicaux

Les cyclones tropicaux sont des phénomènes météorologiques extrêmes qui se forment principalement au-dessus des eaux chaudes des océans tropicaux et subtropicaux. Le terme "cyclone tropical" est utilisé de manière générique pour désigner ces tempêtes dans différents bassins océaniques, tels que l'océan Indien, le sud-ouest de l'océan Pacifique, et le sud-est de l'océan Pacifique. Voici quelques points importants à retenir sur les cyclones tropicaux :

Formation : Les cyclones tropicaux se forment généralement entre les mois de mai et novembre dans l'hémisphère nord, et entre novembre et avril dans l'hémisphère sud. Ils se développent à partir de la convergence de masses d'air chaud et humide au-dessus des eaux chaudes de l'océan, généralement lorsque la température de surface de la mer est d'au moins 26°C.

Structure : Les cyclones tropicaux présentent une structure en spirale avec un centre de basse pression, appelé "œil", entouré de bandes de pluie et de vents violents. La taille et l'intensité des cyclones tropicaux peuvent varier considérablement, allant des tempêtes tropicales avec des vents de 63 à 118 km/h (39 à 73 mph) aux cyclones majeurs avec des vents de plus de 252 km/h (157 mph).

Impact : Les cyclones tropicaux peuvent causer des dommages dévastateurs, y compris des vents violents, des inondations côtières dues à la montée des eaux, des précipitations torrentielles entraînant des inondations et des glissements de terrain, ainsi que des dommages aux infrastructures et aux cultures. Les cyclones tropicaux peuvent également provoquer des coupures de courant généralisées et des perturbations majeures dans les transports et les services publics.

Comprendre les prévisions météorologiques et les alertes

Comprendre les prévisions météorologiques et les alertes est essentiel pour se préparer et se protéger efficacement contre les cyclones et autres phénomènes météorologiques extrêmes. Voici ce qu'il faut savoir à ce sujet :

Prévisions Météorologiques

Les prévisions météorologiques sont des prédictions sur les conditions atmosphériques futures dans une région spécifique. Voici quelques éléments importants à connaître sur les prévisions météorologiques :

Données Utilisées : Les prévisions météorologiques sont basées sur l'analyse de diverses données, notamment les observations en temps réel des conditions météorologiques telles que la température, la pression atmosphérique, l'humidité, la direction et la vitesse du vent, ainsi que les données provenant de satellites, de radars, de bouées océaniques et de stations météorologiques terrestres.

Modèles Informatiques : Les météorologues utilisent des modèles informatiques sophistiqués pour simuler le comportement futur de l'atmosphère en tenant compte de divers facteurs, tels que la topographie, la circulation atmosphérique, les températures de surface de la mer, etc. Ces modèles permettent de générer des prévisions à court, moyen et long terme.

Élaboration des Prévisions : Les prévisionnistes météorologiques analysent les données actuelles et les tendances passées pour évaluer les conditions météorologiques actuelles et anticiper leur évolution future. Ils prennent également en compte les phénomènes météorologiques en cours, tels que les systèmes de haute et de basse pression, les fronts météorologiques, les zones de convergence, etc.

Échéance des Prévisions : Les prévisions météorologiques peuvent être émises pour différentes échéances, allant de quelques heures à plusieurs jours à l'avance. Les prévisions à court terme (0-24 heures) sont généralement plus précises que les prévisions à plus long terme, mais elles peuvent également être sujettes à des changements soudains en fonction de l'évolution des conditions météorologiques.

Fiabilité et Incertitude : Bien que les prévisions météorologiques soient devenues de plus en plus fiables grâce aux progrès de la science et de la technologie, il existe toujours une certaine incertitude associée à la prévision du temps, en particulier à plus long terme. Les météorologistes fournissent souvent des intervalles de confiance pour indiquer la fiabilité des prévisions.

En comprenant les bases des prévisions météorologiques, les individus peuvent mieux planifier leurs activités et se préparer aux conditions météorologiques à venir, notamment en cas de phénomènes météorologiques extrêmes tels que les cyclones, les tempêtes tropicales, les tornades, etc.

Alertes

Les alertes météorologiques sont des avertissements émis par les services météorologiques pour informer le public des conditions météorologiques dangereuses imminentes. Voici quelques points importants à connaître sur les alertes météorologiques :

Types d'Alertes : Les alertes météorologiques peuvent être émises pour une variété de phénomènes météorologiques dangereux, notamment les cyclones, les tempêtes tropicales, les tornades, les inondations, les tempêtes de neige, les vagues de chaleur, les tempêtes de verglas, etc.

Niveaux d'Alerte : Les alertes sont généralement classées en différents niveaux de gravité, allant des avis de vigilance aux avertissements d'urgence, en fonction de la sévérité et de l'imminence de la menace. Par exemple, un avis de vigilance peut être émis lorsque les conditions météorologiques potentiellement dangereuses sont prévues dans les prochaines 24 à 48 heures, tandis qu'un avertissement d'urgence est émis lorsque les conditions météorologiques dangereuses sont imminentes ou en cours.

Contenu des Alertes : Les alertes météorologiques fournissent des informations sur la nature de la menace, son emplacement et son moment prévu, ainsi que des conseils sur les actions à prendre pour se protéger. Par exemple, une alerte cyclonique peut inclure des informations sur la trajectoire prévue du cyclone, son intensité estimée, les vents et les précipitations attendus, ainsi que des recommandations sur l'évacuation, la recherche d'un abri sûr, la préparation d'un kit d'urgence, etc.

Moyens de Diffusion : Les alertes météorologiques sont diffusées via divers moyens de communication, notamment la radio, la télévision, les sites web des services météorologiques, les applications mobiles, les réseaux sociaux, les sirènes d'alerte, les messages d'urgence sur les téléphones mobiles, etc. Il est important de suivre les informations météorologiques et de rester à l'écoute des alertes émises par les autorités compétentes.

Suivi et Mise à Jour

Le suivi et la mise à jour des informations météorologiques sont essentiels pour rester informé et se préparer efficacement aux conditions météorologiques dangereuses. Voici quelques points importants à connaître sur le suivi et la mise à jour des prévisions météorologiques et des alertes :

Surveillance Régulière : Il est important de surveiller régulièrement les prévisions météorologiques et les alertes, surtout pendant les périodes où les conditions météorologiques peuvent changer rapidement, comme pendant la saison des cyclones. Les conditions météorologiques peuvent évoluer rapidement, il est donc essentiel de rester informé des dernières informations.

Sources Fiables : Utilisez des sources d'information météorologique fiables, telles que les sites web des services météorologiques nationaux, les applications météorologiques officielles, les bulletins d'information télévisés, les stations de radio météorologiques et les réseaux sociaux des autorités compétentes. Assurez-vous de suivre les sources officielles pour obtenir des informations précises et à jour.

Mises à Jour Régulières : Les prévisions météorologiques et les alertes sont souvent mises à jour à mesure que de nouvelles données deviennent disponibles et que la situation évolue. Il est donc important de consulter régulièrement les prévisions et les alertes pour obtenir les informations les plus récentes.

Réception des Alertes : Assurez-vous de recevoir les alertes météorologiques sur différents supports, tels que les téléphones mobiles, la radio, la télévision et les applications météorologiques. Activez les notifications d'urgence sur votre téléphone mobile pour recevoir des alertes importantes, et assurez-vous que votre famille et vos proches sont également informés des conditions météorologiques dangereuses.

Planification Pré-cyclone

Élaborer un plan d'urgence familial

Voici un exemple de plan d'urgence familial pour se préparer à un cyclone :

Connaître les Risques

Pour connaître les risques associés aux cyclones et se préparer efficacement, il est essentiel de comprendre les dangers potentiels auxquels votre région peut être confrontée. Voici quelques-uns des risques courants liés aux cyclones :

Inondations Côtières : Les cyclones peuvent provoquer des marées de tempête, où les vents violents poussent l'eau de mer vers les côtes, provoquant des inondations soudaines et potentiellement destructrices dans les zones côtières.

Vents Violents : Les vents forts associés aux cyclones peuvent causer des dommages importants aux bâtiments, aux infrastructures et aux biens matériels. Les vents forts peuvent également arracher les arbres, les poteaux électriques et les panneaux de signalisation, créant ainsi des dangers pour la sécurité publique.

Précipitations Abondantes : Les cyclones peuvent entraîner des précipitations torrentielles, pouvant causer des inondations généralisées et des glissements de terrain, en particulier dans les régions montagneuses ou les zones à faible drainage.

Coupures de Courant : En raison des vents violents et des dommages causés aux infrastructures électriques, les cyclones peuvent entraîner des coupures de courant généralisées, privant les habitants d'électricité pendant des jours, voire des semaines.

Dommages Structurels : Les cyclones peuvent endommager ou détruire les bâtiments, les maisons, les entreprises et les infrastructures, causant ainsi des pertes matérielles importantes et nécessitant des efforts de reconstruction considérables.

Rupture des Routes et des Ponts : Les inondations, les glissements de terrain et les vents forts peuvent endommager les routes, les ponts et les infrastructures de transport, rendant les déplacements difficiles voire impossibles pendant et après le passage d'un cyclone.

Risque pour la Vie : Les cyclones présentent un risque sérieux pour la vie humaine, en raison des dangers associés aux inondations, aux vents violents, aux débris volants, aux coupures de courant et aux conditions météorologiques extrêmes.

Élaborer un Plan d'Évacuation

Élaborer un plan d'évacuation est essentiel pour assurer la sécurité de votre famille en cas de cyclone. Voici comment élaborer un plan d'évacuation efficace :

Cartographier les Routes d'Évacuation : Identifiez les routes d'évacuation principales et alternatives dans votre région. Familiarisez-vous avec ces itinéraires et marquez-les sur une carte pour référence.

Déterminez les Points de Ralliement : Choisissez plusieurs points de ralliement sûrs où vous pourrez vous réunir avec les membres de votre famille en cas d'évacuation. Assurez-vous que ces lieux sont situés en dehors des zones à risque de cyclone.

Établissez un Plan de Départ : Déterminez à l'avance quand vous déciderez de mettre en œuvre votre plan d'évacuation. Ceci peut être basé sur des avertissements météorologiques spécifiques ou sur des seuils prédéterminés tels que la catégorie de l'ouragan.

Préparez un Sac d'Évacuation : Préparez un sac d'évacuation contenant des articles essentiels tels que des documents importants, de l'eau, de la nourriture non périssable, des vêtements de rechange, des médicaments, des trousses de premiers secours et des articles d'hygiène personnelle.

Planifiez le Transport : Organisez à l'avance le moyen de transport que vous utiliserez pour évacuer votre famille. Assurez-vous que votre véhicule est prêt et dispose d'un réservoir plein de carburant.

Informez les Membres de la Famille : Assurez-vous que tous les membres de votre famille connaissent le plan d'évacuation, les itinéraires, les points de ralliement et les procédures à suivre en cas d'urgence.

Écoutez les Autorités : Suivez les instructions des autorités locales et des services d'urgence. Si une évacuation obligatoire est ordonnée, évacuez immédiatement en suivant les itinéraires recommandés.

Communiquez : Maintenez une communication constante avec les membres de votre famille pendant l'évacuation. Utilisez les téléphones portables, les messages textes ou les radios bidirectionnelles pour rester en contact.

Évacuez Tôt si Possible : Si vous prévoyez d'évacuer, faites-le tôt. Ne tardez pas jusqu'au dernier moment, car les routes peuvent être encombrées et les conditions météorologiques peuvent se détériorer rapidement.

Sécuriser la Maison

Sécuriser votre maison avant l'arrivée d'un cyclone est essentiel pour réduire les dommages potentiels. Voici quelques étapes à suivre pour sécuriser votre maison :

Installer des Volets Anti-Tempête : Si vous habitez dans une région sujette aux cyclones, envisagez d'installer des volets anti-tempête sur les fenêtres. Ces volets renforcés peuvent aider à protéger vos fenêtres des vents violents et des débris volants.

Consolider les Portes et les Fenêtres : Renforcez les portes et les fenêtres avec des barres de sécurité ou des contrevents. Assurez-vous que les portes extérieures sont équipées de serrures robustes et de gonds solides.

Sécuriser les Objets Extérieurs : Rangez ou fixez tous les objets extérieurs susceptibles de devenir des projectiles par les vents violents, tels que les meubles de jardin, les poubelles, les outils de jardinage, les jouets pour enfants, etc.

Élaguer les Arbres : Élaguer les arbres autour de votre maison pour éliminer les branches mortes ou malades qui pourraient tomber pendant le cyclone. Enlevez également les branches susceptibles de frotter contre votre maison et de causer des dommages.

Vérifier le Toit : Examinez votre toit pour détecter tout signe de dommages ou de faiblesses. Réparez les tuiles cassées, les fissures dans le revêtement ou les points faibles susceptibles de compromettre l'intégrité de votre toit pendant le cyclone.

Renforcer la Structure : Si possible, renforcez la structure de votre maison en utilisant des attaches supplémentaires pour fixer le toit aux murs, en renforçant les murs extérieurs et en sécurisant les fondations.

Prévoir des Générateurs d'Énergie : Envisagez d'investir dans un générateur d'urgence pour alimenter les appareils essentiels en cas de coupure de courant prolongée pendant le cyclone.

Nettoyer les Gouttières et les Égouts : Assurez-vous que les gouttières et les égouts sont dégagés de tout débris pour permettre un bon drainage des eaux de pluie pendant le cyclone.

Protéger les Installations Extérieures : Fermez les vannes de gaz et d'eau et débranchez les appareils électriques non essentiels pour réduire les risques de fuite ou de court-circuit pendant le cyclone.

Planifier une Zone Sûre : Identifiez une zone sûre à l'intérieur de votre maison où vous pourrez vous abriter pendant le cyclone, loin des fenêtres et des portes extérieures.

Mettre à Jour les Contacts

Mettre à jour vos contacts est une étape importante dans la préparation aux cyclones. Voici quelques conseils pour vous assurer que vos contacts sont à jour :

Liste de Contacts d'Urgence : Créez une liste de contacts d'urgence comprenant les numéros de téléphone des services d'urgence locaux, tels que la police, les pompiers, les services médicaux d'urgence, ainsi que les numéros des centres d'évacuation et des hôpitaux locaux.

Coordonnées Familiales : Assurez-vous d'avoir les numéros de téléphone et les adresses de vos proches et amis enregistrés dans vos contacts, au cas où vous auriez besoin de les contacter en cas d'urgence ou d'évacuation.

Contacts de Voisins : Échangez les coordonnées avec vos voisins, car ils peuvent être une source précieuse de soutien et d'assistance pendant une situation d'urgence.

Services Publics : Gardez les numéros de téléphone des services publics essentiels à portée de main, tels que les compagnies d'électricité, de gaz, d'eau et de téléphone, pour signaler les urgences telles que des pannes de courant ou des fuites de gaz.

Médecins et Pharmacies : Assurez-vous d'avoir les coordonnées de vos médecins de famille, dentistes et pharmacies locales, au cas où vous auriez besoin de soins médicaux ou de prescriptions pendant ou après le cyclone.

Numéros d'Assurance : Gardez les numéros de téléphone de vos compagnies d'assurance à portée de main pour signaler tout dommage matériel ou demander des informations sur les réclamations après le passage du cyclone.

Écoles et Garderies : Si vous avez des enfants, assurez-vous d'avoir les numéros de téléphone des écoles et des garderies de vos enfants pour obtenir des mises à jour sur les fermetures d'établissements pendant le cyclone.

Services de Transport : Gardez les numéros de téléphone des compagnies de transport en commun et des services de taxis, au cas où vous auriez besoin de vous déplacer pendant ou après le cyclone.

Numéro d'Urgence Familial : Désignez un numéro de téléphone d'urgence familial où tous les membres de la famille peuvent se contacter en cas de séparation ou d'urgence.

Élaborer un Plan de Communication

Élaborer un plan de communication est pour rester en contact avec les membres de votre famille pendant un cyclone. Voici comment élaborer un plan de communication efficace :

Choisissez des Moyens de Communication : Identifiez plusieurs moyens de communication que vous pouvez utiliser pendant un cyclone, tels que les téléphones portables, les radios bidirectionnelles, les téléphones fixes, les messages textes, les réseaux sociaux, etc.

Déterminez un Point de Ralliement Virtuel : Choisissez une plateforme de communication en ligne où vous pourrez vous réunir virtuellement avec les membres de votre famille en cas de séparation physique. Cela peut être une application de messagerie instantanée, un groupe sur les réseaux sociaux, ou une fonction de chat vidéo.

Établissez un Plan de Contact : Décidez à l'avance de l'ordre dans lequel vous contacterez les membres de votre famille en cas d'urgence. Assurez-vous que chaque membre sait qui contacter en premier et comment relayer les informations aux autres membres de la famille.

Déterminez un Point de Ralliement Physique : En plus du point de ralliement virtuel, choisissez un point de ralliement physique où vous pourrez vous réunir avec les membres de votre famille en cas de séparation. Cela peut être une maison d'un proche, un centre d'évacuation désigné ou un endroit sûr loin des zones à risque.

Désignez un Coordinateur de Communication : Désignez une personne responsable de coordonner la communication entre les membres de votre famille pendant le cyclone. Cette personne sera chargée de relayer les informations importantes et de garantir que tout le monde reste informé et en sécurité.

Établissez des Codes ou des Signaux : Déterminez des codes ou des signaux que vous utiliserez pour communiquer des messages importants ou des situations d'urgence rapidement et efficacement. Par exemple, vous pouvez utiliser des mots-clés spécifiques pour signaler que tout va bien, qu'il y a un besoin d'aide, ou qu'une évacuation est nécessaire.

Testez le Plan : Faites des tests réguliers du plan de communication avec votre famille pour vous assurer que tout le monde sait comment communiquer en cas d'urgence. Pratiquez l'utilisation des différents moyens de communication et assurez-vous que chacun sait comment contacter les autres membres de la famille.

Soyez Prêt à Adapter : Soyez prêt à adapter votre plan de communication en fonction des circonstances changeantes pendant le cyclone. Restez flexible et réactif aux besoins et aux situations d'urgence qui peuvent survenir.

En élaborant un plan de communication solide, vous pouvez aider à assurer que votre famille reste connectée et en sécurité pendant un cyclone, même en cas de séparation physique ou de coupures de communication.

Garder les Documents Importants en Sécurité

Garder vos documents importants en sécurité est crucial pour vous assurer que vous pouvez accéder à des informations essentielles en cas de besoin, surtout pendant un cyclone. Voici quelques étapes à suivre pour protéger vos documents importants :

Identifiez les Documents Essentiels : Identifiez les documents essentiels que vous devriez garder en sécurité, tels que les pièces d'identité (passeports, cartes d'identité), les certificats de naissance, de mariage ou de divorce, les contrats d'assurance, les titres de propriété, les testaments, les polices d'assurance, les relevés bancaires, les documents médicaux, etc.

Numérisez vos Documents : Numérisez vos documents importants et sauvegardez-les sous forme électronique sur un support de stockage sécurisé, tel qu'un disque dur externe, une clé USB ou un service de stockage en ligne (cloud). Assurez-vous que les copies électroniques sont stockées dans un endroit sûr et accessible en cas d'urgence.

Utilisez un Coffre-fort : Investissez dans un coffre-fort résistant au feu et à l'eau pour stocker les documents originaux et les copies papier des documents importants. Placez le coffre-fort dans un endroit sûr à l'intérieur de votre maison, comme un placard ou une chambre à coucher.

Gardez les Documents dans un Endroit Étanche : Si vous n'avez pas de coffre-fort, gardez vos documents importants dans des sacs étanches ou des enveloppes scellées pour les protéger de l'humidité en cas d'inondation.

Informez les Membres de la Famille : Assurez-vous que les membres de votre famille connaissent l'emplacement des documents importants et des copies électroniques, au cas où vous ne seriez pas en mesure d'y accéder pendant une situation d'urgence.

Mettez à Jour Régulièrement : Mettez à jour régulièrement vos documents importants et vos copies électroniques pour refléter les changements dans votre vie, tels que les mariages, les naissances, les déménagements, les changements de situation financière, etc.

Protégez vos Données Électroniques : Assurez-vous que vos copies électroniques sont protégées par des mots de passe forts et chiffrez-les si possible pour garantir la confidentialité de vos informations personnelles.

Planifiez l'Évacuation des Documents : Si vous devez évacuer votre maison pendant un cyclone, assurez-vous d'emporter avec vous les documents importants originaux ou les copies électroniques stockées sur un support portable, tel qu'une clé USB ou un smartphone.

En prenant ces mesures pour garder vos documents importants en sécurité, vous pouvez vous assurer que vous avez accès à des informations essentielles en cas de besoin, même pendant un cyclone ou toute autre situation d'urgence.

Suivre les Instructions des Autorités

Suivre les instructions des autorités est très important assurer votre sécurité et celle de votre famille pendant un cyclone. Voici pourquoi il est important de suivre les instructions des autorités :

Informations Fiables : Les autorités locales et les services météorologiques nationaux fournissent des informations précises et actualisées sur la trajectoire du cyclone, son intensité et les mesures de sécurité à prendre.

Évaluation des Risques : Les autorités évaluent les risques potentiels et émettent des avertissements et des consignes en fonction de ces évaluations. Il est important de les suivre pour éviter les situations dangereuses ou mortelles.

Prévention des Dommages : Les instructions des autorités peuvent vous aider à prendre des mesures préventives pour protéger votre famille et vos biens contre les dommages causés par le cyclone, tels que l'évacuation préventive, la sécurisation des maisons et la préparation de kits d'urgence.

Coordination des Secours : En suivant les instructions des autorités, vous contribuez à la coordination des opérations de secours et à la gestion efficace des ressources pendant et après le cyclone, ce qui permet de sauver des vies et de minimiser les dommages.

Responsabilité Légale : Ignorer les instructions des autorités pendant une situation d'urgence peut mettre en danger votre sécurité et celle des autres, et peut également entraîner des conséquences légales. Il est donc important de respecter les directives des autorités pour éviter toute responsabilité juridique.

Confiance dans les Experts : Les autorités compétentes, telles que les services météorologiques nationaux et les agences de gestion des urgences, sont composées d'experts qualifiés qui travaillent pour assurer la sécurité et le bien-être de la population. Leur expertise et leur expérience sont essentielles pour prendre des décisions éclairées pendant une situation d'urgence.

En suivant les instructions des autorités et en coopérant avec les efforts de secours, vous pouvez contribuer à assurer la sécurité de votre famille et de votre communauté pendant un cyclone et à réduire les risques pour la vie et les biens.

Pratiquer le Plan

Pratiquer le plan d'urgence familial est essentiel pour s'assurer que tous les membres de la famille savent quoi faire en cas de cyclone. Voici quelques conseils pour pratiquer efficacement le plan :

Organisez des Exercices Simulés : Planifiez des exercices réguliers de simulation d'urgence où vous simulez les différentes étapes du plan d'urgence, y compris l'évacuation, la communication, la recherche d'un abri sûr, etc.

Impliquez Toute la Famille : Assurez-vous que tous les membres de la famille, y compris les enfants, participent aux exercices et comprennent leur rôle et leurs responsabilités pendant une situation d'urgence.

Pratiquez Différents Scénarios : Entraînez-vous à gérer différents scénarios d'urgence, tels que des coupures de courant, des inondations, des vents violents, des dommages structurels, etc. Cela vous aidera à être prêt à réagir efficacement à toute situation.

Testez les Moyens de Communication : Utilisez les exercices de simulation pour tester les différents moyens de communication que vous avez prévus dans votre plan d'urgence, tels que les téléphones portables, les radios, les réseaux sociaux, etc.

Identifiez les Points Faibles : Pendant les exercices, identifiez les points faibles ou les lacunes dans votre plan d'urgence et apportez les ajustements nécessaires pour améliorer son efficacité.

Révisez et Mettez à Jour : Après chaque exercice, révisez le plan d'urgence en tenant compte des leçons apprises et des feedbacks des membres de la famille. Assurez-vous de mettre à jour le plan en fonction des nouvelles informations ou des changements dans votre situation.

Faites Preuve de Réalisme : Essayez de rendre les exercices de simulation aussi réalistes que possible en reproduisant les conditions d'une véritable situation d'urgence, y compris le timing, les contraintes et les stress émotionnels.

Encouragez la Participation Active : Encouragez tous les membres de la famille à participer activement aux exercices et à partager leurs idées et leurs suggestions pour améliorer le plan d'urgence.

Identifier les abris sûrs et les voies d'évacuation

Identifier les abris sûrs et les voies d'évacuation est une étape essentielle dans la préparation aux cyclones. Voici comment procéder :

Abri Sûr à Domicile

Pour identifier un abri sûr à domicile pendant un cyclone, recherchez des endroits intérieurs et sécurisés qui offrent une protection contre les vents violents et les débris volants. Voici quelques suggestions pour trouver un abri sûr à domicile :

Salle de Bains Intérieure : Les salles de bains intérieures, en particulier celles sans fenêtres ou avec des fenêtres petites et bien protégées, peuvent offrir une bonne protection pendant un cyclone. Asseyez-vous dans la baignoire et couvrez-vous avec des matelas, des couvertures ou des oreillers pour une protection supplémentaire contre les débris volants.

Placard Sous Escalier : Si votre maison dispose d'un placard sous un escalier, cela peut être un endroit sûr pour se réfugier pendant un cyclone. Assurez-vous que le placard est dégagé de tout objet susceptible de tomber et qu'il est suffisamment spacieux pour accueillir tous les membres de la famille.

Pièce Centrale de la Maison : Choisissez une pièce centrale de la maison, telle qu'un couloir intérieur ou un salon sans fenêtre, où vous pouvez vous réfugier en cas de besoin. Éloignez-vous des fenêtres et des portes extérieures pour réduire les risques de blessures causées par les débris volants.

Sous un Meuble Solide : Si vous ne pouvez pas accéder à une pièce intérieure pendant le cyclone, abritez-vous sous un meuble solide tel qu'une table ou un bureau. Couvrez-vous avec des matelas, des couvertures ou des oreillers pour une protection supplémentaire.

Cave ou Sous-sol : Si votre maison est équipée d'une cave ou d'un sous-sol, c'est souvent l'endroit le plus sûr pour se réfugier pendant un cyclone. Assurez-vous que la cave est étanche et bien protégée contre les infiltrations d'eau.

Assurez-vous que tous les membres de la famille connaissent l'emplacement de l'abri sûr à domicile et les mesures à prendre pour s'y réfugier en cas d'urgence. Préparez-vous en avance en stockant des fournitures d'urgence telles que de l'eau, de la nourriture non périssable, des lampes de poche, des radios à piles et des trousses de premiers secours dans ou à proximité de l'abri sûr.

Abri Communautaire

Les abris communautaires sont des lieux désignés par les autorités locales où les résidents peuvent se réfugier en cas de cyclone ou d'autres situations d'urgence. Voici comment identifier un abri communautaire :

Renseignez-vous auprès des Autorités Locales : Contactez les autorités locales ou consultez leur site web pour obtenir des informations sur les abris communautaires dans votre région. Les municipalités et les agences de gestion des urgences fournissent généralement des listes d'abris communautaires désignés.

Consultez les Cartes d'Évacuation : Les cartes d'évacuation de votre région peuvent indiquer les emplacements des abris communautaires désignés. Recherchez ces cartes dans les guides d'évacuation d'urgence ou sur les sites web des agences gouvernementales.

Écoutez les Annonces : Restez à l'écoute des annonces des autorités locales et des médias concernant l'ouverture des abris communautaires en prévision d'une tempête ou d'un cyclone. Les informations sur les emplacements, les heures d'ouverture et les services disponibles seront généralement diffusées par ces canaux.

Repérez les Panneaux de Signalisation : Dans certaines régions, des panneaux de signalisation peuvent être installés pour indiquer les directions vers les abris communautaires les plus proches. Gardez un œil sur ces panneaux lorsque vous conduisez dans votre région.

Connaître les Établissements : Certains établissements publics, tels que les écoles, les gymnases, les centres communautaires ou les églises, peuvent servir d'abris communautaires en cas d'urgence. Identifiez ces types d'établissements dans votre quartier et renseignez-vous sur leur statut en tant qu'abris.

Informez-vous sur les Services Disponibles : Renseignez-vous sur les services disponibles dans les abris communautaires, tels que la nourriture, l'eau, les installations sanitaires et les soins médicaux d'urgence. Assurez-vous de prévoir des fournitures d'urgence supplémentaires si nécessaire.

Prévoyez un Plan d'Évacuation : Incluez les abris communautaires dans votre plan d'évacuation familial et assurez-vous que tous les membres de votre famille connaissent leur emplacement et les procédures à suivre pour s'y rendre en cas d'urgence.

Voies d'Évacuation Principales

Pour identifier les voies d'évacuation principales dans votre région, suivez ces étapes :

Renseignez-vous auprès des Autorités Locales : Les autorités locales, telles que les services d'urgence ou les départements de la circulation, peuvent fournir des informations sur les voies d'évacuation principales dans votre région. Contactez-les ou consultez leur site web pour obtenir des conseils et des directives.

Consultez les Cartes d'Évacuation : Les cartes d'évacuation d'urgence de votre région peuvent indiquer les routes principales recommandées pour l'évacuation en cas de cyclone ou d'autres situations d'urgence. Recherchez ces cartes dans les guides d'évacuation d'urgence ou sur les sites web des agences gouvernementales.

Suivez les Panneaux de Signalisation : Sur les routes principales de votre région, des panneaux de signalisation peuvent être installés pour indiquer les voies d'évacuation vers les zones sûres. Gardez un œil sur ces panneaux lorsque vous conduisez et suivez les instructions indiquées.

Écoutez les Annonces : Restez à l'écoute des annonces des autorités locales et des médias concernant les routes d'évacuation recommandées en cas d'urgence. Les informations sur les itinéraires, les points de rassemblement et les conditions de circulation seront généralement diffusées par ces canaux.

Prévoyez des Itinéraires Alternatifs : En plus des routes principales, identifiez des itinéraires alternatifs ou des chemins secondaires que vous pouvez emprunter en cas de congestion ou de blocage des routes principales. Ces itinéraires peuvent vous aider à éviter les embouteillages et à arriver à destination plus rapidement.

Préparez-vous à l'Avance : Incluez les voies d'évacuation principales dans votre plan d'évacuation familial et assurez-vous que tous les membres de votre famille connaissent les itinéraires à suivre en cas d'urgence. Prévoyez des fournitures d'urgence dans votre véhicule au cas où vous devriez évacuer rapidement.

Voies d'Évacuation Secondaires

En plus des voies d'évacuation principales, il est important d'identifier des voies d'évacuation secondaires ou des itinéraires alternatifs en cas de blocage ou de congestion des routes principales. Voici comment identifier les voies d'évacuation secondaires :

Consultez les Cartes Locales : Les cartes locales peuvent montrer des routes secondaires moins fréquentées qui pourraient servir d'itinéraires alternatifs en cas d'urgence. Recherchez ces cartes dans les guides d'évacuation d'urgence ou sur les sites web des autorités locales.

Parlez aux Résidents Locaux : Les résidents locaux peuvent avoir une connaissance précieuse des routes moins utilisées dans la région. Demandez-leur des conseils sur les itinéraires alternatifs et les routes secondaires à emprunter en cas d'évacuation.

Explorez les Environs : Faites des repérages dans votre région pour repérer des routes secondaires ou des chemins de terre qui pourraient servir d'itinéraires alternatifs en cas d'urgence. Assurez-vous que ces voies sont praticables et sûres pour la circulation automobile.

Utilisez des Applications de Cartographie : Des applications de cartographie telles que Google Maps ou Waze peuvent vous aider à identifier des itinéraires alternatifs en montrant les routes secondaires et les chemins de contournement disponibles dans votre région.

Évitez les Zones à Risque : Lorsque vous planifiez vos itinéraires d'évacuation secondaires, évitez les zones sujettes aux inondations, aux glissements de terrain ou aux autres dangers potentiels. Choisissez des routes plus élevées et plus sûres lorsque cela est possible.

Prévoyez des Plans de Secours : En plus des voies d'évacuation principales et secondaires, prévoyez des plans de secours en cas d'urgence. Cela peut inclure des options telles que le refuge dans des bâtiments solides ou l'attente dans des zones sûres jusqu'à ce que les conditions s'améliorent.

Restez Flexible : Gardez à l'esprit que les conditions d'urgence peuvent changer rapidement, donc restez flexible dans vos plans d'évacuation et soyez prêt à ajuster vos itinéraires en fonction des directives des autorités locales et des conditions de la route.

Établissez un Plan d'Évacuation

Établir un plan d'évacuation est essentiel pour assurer la sécurité de votre famille pendant un cyclone. Voici comment établir un plan d'évacuation efficace :

Identifiez les Menaces : Évaluez les risques potentiels dans votre région, tels que les inondations, les vents violents ou les glissements de terrain, et identifiez les zones à risque près de votre domicile.

Identifiez les Points de Ralliement : Choisissez des points de ralliement préétablis où les membres de votre famille se retrouveront en cas d'évacuation. Assurez-vous d'avoir des points de ralliement à la fois près de votre domicile et en dehors de votre quartier au cas où vous seriez séparés.

Planifiez des Itinéraires d'Évacuation : Identifiez plusieurs itinéraires d'évacuation vers des zones sûres, en tenant compte des voies d'évacuation principales et secondaires. Assurez-vous que tous les membres de la famille connaissent ces itinéraires et sachent comment s'y rendre en cas d'urgence.

Préparez un Kit d'Urgence : Rassemblez un kit d'urgence comprenant des fournitures essentielles telles que de l'eau, de la nourriture non périssable, des médicaments, des vêtements chauds, des lampes de poche, des radios à piles, des trousses de premiers secours et des documents importants.

Communiquez le Plan : Discutez du plan d'évacuation avec tous les membres de la famille et assurez-vous qu'ils comprennent leur rôle et leurs responsabilités pendant une évacuation. Pratiquez régulièrement le plan avec des exercices de simulation d'urgence.

Soyez Informé : Restez à l'écoute des bulletins météorologiques et des alertes d'urgence émises par les autorités locales. Suivez les directives des autorités et évacuez dès qu'il est recommandé de le faire.

Restez en Contact : Assurez-vous que tous les membres de la famille ont des moyens de communication, tels que des téléphones portables ou des radios bidirectionnelles, pour rester en contact pendant une évacuation.

Ayez un Plan de Secours : Envisagez des plans de secours en cas d'imprévu, tels que des routes bloquées ou des points de ralliement inaccessibles. Soyez prêt à adapter votre plan en fonction des conditions changeantes et des conseils des autorités.

Marquez les Abris et les Voies d'Évacuation

Pour marquer les abris et les voies d'évacuation, suivez ces conseils :

Panneaux de Signalisation : Installez des panneaux de signalisation clairs et visibles pour indiquer les emplacements des abris communautaires et les directions vers les voies d'évacuation principales. Utilisez des panneaux réfléchissants ou lumineux pour une visibilité accrue, surtout la nuit.

Marquages au Sol : Utilisez de la peinture résistante aux intempéries pour marquer les routes d'évacuation principales sur la chaussée. Vous pouvez également peindre des flèches directionnelles indiquant la direction à suivre pour atteindre les abris communautaires ou les voies d'évacuation.

Panneaux Directionnels : Installez des panneaux directionnels sur les intersections et les croisements pour guider les personnes vers les routes d'évacuation principales et les abris communautaires. Assurez-vous que les panneaux sont clairement lisibles et indiquent les distances.

Signalisation Temporaire : En cas d'urgence imminente, utilisez des moyens temporaires de signalisation tels que des cônes de signalisation, des barrières de sécurité ou des drapeaux pour marquer les voies d'évacuation et les abris communautaires.

Cartes et Guides : Distribuez des cartes d'évacuation d'urgence aux résidents locaux, indiquant les emplacements des abris et les routes d'évacuation principales. Assurez-vous que les cartes sont faciles à comprendre et à suivre.

Communication Visuelle : Utilisez des supports visuels tels que des affiches, des bannières ou des panneaux d'information pour informer les résidents des emplacements des abris et des voies d'évacuation. Placez ces supports dans des endroits stratégiques où ils seront facilement visibles.

Éducation et Sensibilisation : Organisez des campagnes d'éducation et de sensibilisation dans la communauté pour informer les résidents des plans d'évacuation et des mesures à prendre en cas d'urgence. Utilisez des réunions publiques, des dépliants et des annonces pour diffuser ces informations.

Entretien Régulier : Assurez-vous de maintenir régulièrement les panneaux de signalisation et les marquages au sol pour qu'ils restent visibles et efficaces. Remplacez toute signalisation endommagée ou obsolète dès que possible.

Renseignez-vous sur les Protocoles

Pour obtenir des informations sur les protocoles d'accès aux abris et les procédures d'évacuation, voici ce que vous pouvez faire :

Contactez les Autorités Locales : Communiquez avec les autorités locales, telles que les services d'urgence ou les agences de gestion des catastrophes, pour obtenir des informations sur les protocoles d'accès aux abris et les procédures d'évacuation spécifiques à votre région.

Consultez les Sites Web Officiels : Consultez les sites web officiels des autorités locales, des services météorologiques nationaux et des agences de gestion des urgences pour obtenir des guides et des directives sur les protocoles d'évacuation et les abris communautaires dans votre région.

Participez à des Réunions Publiques : Assistez à des réunions publiques organisées par les autorités locales ou les organismes de gestion des catastrophes pour obtenir des informations sur les protocoles d'évacuation, poser des questions et exprimer vos préoccupations.

Inscrivez-vous aux Alertes d'Urgence : Inscrivez-vous aux systèmes d'alerte d'urgence de votre région pour recevoir des notifications et des mises à jour sur les conditions météorologiques dangereuses, les évacuations obligatoires et les instructions des autorités locales.

Lisez les Guides d'Évacuation : Consultez les guides d'évacuation d'urgence fournis par les autorités locales ou les agences de gestion des catastrophes. Ces guides fournissent des informations détaillées sur les protocoles d'évacuation, les abris communautaires et les itinéraires d'évacuation recommandés.

Contactez les Organisations Communautaires : Les organisations communautaires locales, telles que les clubs civiques ou les associations de quartier, peuvent également fournir des informations sur les protocoles d'évacuation et les ressources disponibles dans votre communauté.

Restez Informé : Continuez à surveiller les bulletins météorologiques et les alertes d'urgence émises par les autorités locales pour rester informé des dernières informations et des recommandations concernant les évacuations et les abris.

Pratiquez les Itinéraires

Pratiquer les itinéraires d'évacuation est très important pour vous assurer que vous pouvez vous déplacer rapidement et en toute sécurité en cas d'urgence. Voici comment pratiquer efficacement les itinéraires d'évacuation :

Planifiez des Simulations d'Évacuation : Organisez des simulations d'évacuation régulières avec votre famille pour pratiquer les itinéraires vers les abris et les voies d'évacuation. Choisissez différents moments de la journée et différentes conditions météorologiques pour simuler des situations réalistes.

Familiarisez-vous avec les Itinéraires : Parcourez les itinéraires d'évacuation à pied, à vélo ou en voiture pour vous familiariser avec les routes, les intersections et les repères le long du chemin. Identifiez les points de rendez-vous et les arrêts d'urgence potentiels en cours de route.

Utilisez la Navigation GPS : Utilisez des applications de navigation GPS ou des dispositifs GPS pour suivre les itinéraires d'évacuation et obtenir des instructions en temps réel. Testez différentes applications ou appareils pour trouver celui qui convient le mieux à vos besoins.

Chronométrez vos Déplacements : Chronométrez vos déplacements le long des itinéraires d'évacuation pour évaluer le temps nécessaire pour atteindre les abris ou les zones sûres. Essayez de réduire votre temps de déplacement à chaque simulation.

Identifiez les Obstacles Potentiels : Repérez les obstacles potentiels tels que les routes fermées, les feux de circulation hors service ou les routes encombrées pendant vos simulations d'évacuation. Prévoyez des itinéraires alternatifs pour contourner ces obstacles.

Simulez des Scénarios Réalistes : Intégrez des scénarios réalistes dans vos simulations d'évacuation, tels que des conditions météorologiques défavorables, des pannes de véhicule ou des barrages routiers. Pratiquez différentes réponses à ces situations pour être prêt en cas d'urgence.

Évaluez vos Performances : Après chaque simulation d'évacuation, évaluez vos performances et identifiez les domaines à améliorer. Discutez des leçons apprises avec votre famille et apportez les ajustements nécessaires à votre plan d'évacuation.

Pratiquez Régulièrement : Répétez les simulations d'évacuation régulièrement pour maintenir vos compétences et votre préparation en cas d'urgence. Plus vous pratiquez, plus vous serez prêt à réagir rapidement et efficacement en cas de besoin.

Préparer un kit d'urgence avec des fournitures essentielles (nourriture, eau, médicaments, etc.)

Préparer un kit d'urgence bien approvisionné est crucial pour faire face à un cyclone ou à toute autre urgence. Voici ce que vous devriez inclure dans votre kit d'urgence :

Eau

Pour l'eau dans votre kit d'urgence, assurez-vous d'avoir suffisamment d'eau potable pour répondre aux besoins de votre famille pendant au moins trois jours. Voici quelques conseils pour préparer et stocker l'eau dans votre kit d'urgence :

Quantité d'eau : Prévoyez au moins un gallon d'eau par personne par jour. Si possible, stockez suffisamment d'eau pour une période de trois jours, mais idéalement pour une semaine.

Stockage sécurisé : Utilisez des contenants spécialement conçus pour le stockage d'eau, comme des bidons d'eau ou des jerricans alimentaires, qui sont étanches et durables. Évitez d'utiliser des contenants qui ont contenu des produits chimiques non alimentaires.

Considérations pour les besoins spéciaux : Si vous avez des nourrissons, des personnes âgées, des personnes malades ou des animaux domestiques, assurez-vous de stocker suffisamment d'eau supplémentaire pour répondre à leurs besoins spécifiques.

Rotation de l'eau : Remplacez régulièrement l'eau stockée pour vous assurer qu'elle reste fraîche et potable. Idéalement, effectuez cette rotation tous les six mois.

Traitement de l'eau : Si vous devez puiser de l'eau à partir de sources non sécurisées, comme des rivières ou des lacs, assurez-vous de disposer de méthodes de traitement de l'eau telles que des pastilles de purification ou un filtre à eau portable.

Options de conservation : En plus de l'eau en bouteille, envisagez d'avoir des options de filtration d'eau, comme des filtres à eau portables ou des systèmes de purification, pour rendre l'eau de sources naturelles sûre à boire.

Stockage adéquat : Conservez votre eau dans un endroit frais, sombre et sec, à l'abri de la lumière directe du soleil. Évitez de stocker l'eau près de produits chimiques, de carburants ou de substances toxiques.

Nourriture

Pour la nourriture dans votre kit d'urgence, il est important de choisir des aliments non périssables, faciles à préparer et riches en énergie pour répondre aux besoins nutritionnels de votre famille pendant une période prolongée. Voici quelques suggestions pour la sélection et le stockage de la nourriture dans votre kit d'urgence :

Aliments non périssables : Choisissez des aliments qui ont une longue durée de conservation et qui ne nécessitent pas de réfrigération, tels que des conserves, des aliments lyophilisés, des barres énergétiques, des fruits secs, des craquelins, du beurre de cacahuète, etc.

Aliments faciles à préparer : Optez pour des aliments qui ne nécessitent pas de cuisson ou de préparation complexe, car vous pourriez ne pas avoir accès à une source de chaleur pendant une urgence. Les aliments en conserve avec des ouvertures faciles et les repas préemballés sont d'excellentes options.

Riches en énergie : Choisissez des aliments riches en calories et en nutriments pour fournir à votre famille l'énergie nécessaire pendant une période d'urgence. Les aliments riches en protéines, en graisses saines et en glucides complexes sont particulièrement importants.

Variété : Essayez d'inclure une variété d'aliments pour éviter la monotonie et répondre aux différents besoins alimentaires de votre famille. Assurez-vous également d'inclure des aliments adaptés aux régimes alimentaires spéciaux ou aux allergies alimentaires.

Quantité suffisante : Prévoyez suffisamment de nourriture pour répondre aux besoins de votre famille pendant au moins trois jours, voire une semaine si possible. Calculez le nombre de repas nécessaires en fonction du nombre de personnes dans votre foyer.

Stockage adéquat : Conservez vos aliments dans des contenants hermétiques pour protéger contre l'humidité, les ravageurs et la contamination. Étiquetez clairement chaque contenant avec le contenu et la date de péremption.

Rotation des stocks : Vérifiez régulièrement les dates de péremption des aliments et remplacez les articles périmés ou endommagés. Effectuez une rotation des stocks en utilisant d'abord les aliments les plus anciens pour maintenir la fraîcheur.

Compléments alimentaires : Incluez des suppléments nutritionnels tels que des vitamines, des minéraux ou des compléments protéinés pour garantir que votre famille reçoive tous les nutriments nécessaires pendant une période d'urgence.

Lampe de poche et piles de rechange

Pour inclure une lampe de poche et des piles de rechange dans votre kit d'urgence, suivez ces conseils :

Choix de la Lampe de Poche : Optez pour une lampe de poche à LED robuste et étanche, qui offre une luminosité suffisante et une longue durée de vie de la batterie. Assurez-vous qu'elle est compacte et facile à transporter.

Stockage des Piles de Rechange : Assurez-vous d'avoir des piles de rechange adaptées à votre lampe de poche. Stockez-les dans un sac hermétique ou un contenant étanche pour les protéger de l'humidité et de la corrosion.

Vérification des Piles : Vérifiez régulièrement l'état des piles de rechange pour vous assurer qu'elles sont chargées et prêtes à être utilisées en cas d'urgence. Remplacez les piles périmées ou déchargées dès que nécessaire.

Emplacement de Stockage : Gardez votre lampe de poche et vos piles de rechange dans un endroit facilement accessible de votre kit d'urgence, de préférence dans un compartiment séparé pour éviter qu'elles ne soient endommagées ou perdues.

Protection contre l'Eau : Choisissez une lampe de poche étanche pour résister à l'eau en cas de conditions météorologiques extrêmes. Si votre lampe de poche n'est pas étanche, assurez-vous de la protéger avec un sac en plastique hermétique.

Test de Fonctionnement : Testez régulièrement votre lampe de poche pour vous assurer qu'elle fonctionne correctement. Allumez-la et vérifiez la luminosité, la portée et la durée de vie de la batterie.

Conservation des Piles : Pour prolonger la durée de vie des piles de rechange, conservez-les dans un endroit frais et sec à température ambiante. Évitez de les stocker dans des environnements trop chauds ou trop froids.

En incluant une lampe de poche fiable et des piles de rechange dans votre kit d'urgence, vous pouvez vous assurer que vous disposez d'une source de lumière portable et pratique en cas de panne de courant ou d'obscurité pendant un cyclone ou toute autre situation d'urgence.

Radio à piles ou à manivelle

Une radio à piles ou à manivelle est un élément essentiel de tout kit d'urgence, car elle vous permet de rester informé des dernières informations et alertes météorologiques, même en cas de panne de courant. Voici quelques conseils pour inclure une radio à piles ou à manivelle dans votre kit d'urgence :

Choix de la Radio : Optez pour une radio à piles ou à manivelle qui couvre les bandes AM et FM, ainsi que les bandes NOAA pour recevoir les alertes météorologiques d'urgence. Assurez-vous qu'elle est compacte, portable et facile à utiliser.

Alimentation : Si vous choisissez une radio à piles, assurez-vous d'avoir des piles de rechange suffisantes pour alimenter la radio pendant au moins plusieurs jours. Si vous optez pour une radio à manivelle, vous n'aurez pas besoin de piles, mais assurez-vous de la maniveller régulièrement pour maintenir la charge de la batterie interne.

Stockage : Gardez votre radio à piles ou à manivelle dans un endroit facilement accessible de votre kit d'urgence, de préférence dans un compartiment séparé pour éviter qu'elle ne soit endommagée ou perdue. Protégez-la également contre l'humidité en la rangeant dans un sac étanche.

Vérification du Fonctionnement : Testez régulièrement votre radio pour vous assurer qu'elle fonctionne correctement. Allumez-la et ajustez les stations pour vous assurer que vous pouvez recevoir des signaux clairs.

Réception des Alertes : Apprenez à utiliser votre radio pour recevoir les alertes météorologiques d'urgence émises par le Service météorologique national. Gardez la radio allumée pendant les périodes de mauvais temps pour rester informé des dernières informations et instructions des autorités.

Conservation : Conservez votre radio dans un endroit frais et sec lorsque vous ne l'utilisez pas, et retirez les piles si vous ne prévoyez pas l'utiliser pendant une période prolongée pour éviter les fuites et les dommages.

En incluant une radio à piles ou à manivelle dans votre kit d'urgence, vous pouvez vous assurer que vous disposez d'une source fiable d'informations et d'alertes météorologiques pendant un cyclone ou toute autre situation d'urgence où les communications peuvent être perturbées.

Trousse de premiers secours

Une trousse de premiers secours est un élément essentiel de tout kit d'urgence, car elle vous permet de fournir des soins de base en cas de blessures ou de maladies pendant une situation d'urgence. Voici ce que vous devriez inclure dans votre trousse de premiers secours :

Pansements adhésifs de différentes tailles : Pour couvrir et protéger les petites coupures, écorchures et ampoules.

Compresses stériles : Pour nettoyer et couvrir les blessures plus importantes.

Bandages et bandes élastiques : Pour maintenir les pansements en place et soutenir les articulations blessées.

Antiseptique : Pour nettoyer les blessures et réduire le risque d'infection.

Ciseaux et pince à épiler : Pour couper les pansements, retirer les échardes et manipuler les objets dangereux.

Gants jetables : Pour protéger le secouriste et la victime contre les infections.

Médicaments : Incluez des médicaments courants tels que des analgésiques (paracétamol, ibuprofène), des antihistaminiques (contre les allergies), des médicaments contre les nausées et les vomissements, des antidiarrhéiques et des crèmes ou pommades pour les brûlures et les piqûres d'insectes.

Thermomètre : Pour surveiller la température corporelle en cas de fièvre ou d'hypothermie.

Couverture de survie : Pour maintenir la chaleur corporelle en cas de blessure ou d'exposition au froid.

Trousse de réanimation cardiorespiratoire (RCP) : Si vous avez suivi une formation en RCP, incluez les fournitures nécessaires pour effectuer des compressions thoraciques et des respirations de sauvetage.

Instructions de premiers secours : Ajoutez un manuel de premiers secours ou des instructions de base pour vous guider en cas d'urgence.

Assurez-vous que votre trousse de premiers secours est bien organisée et facilement accessible en cas d'urgence. Vérifiez régulièrement les fournitures pour vous assurer qu'elles sont complètes et que rien n'a expiré. En ayant une trousse de premiers secours bien équipée, vous pouvez être prêt à faire face à toute situation d'urgence, y compris un cyclone, et à fournir les premiers soins nécessaires à vous-même et à vos proches.

Médicaments

L'inclusion de médicaments dans votre kit d'urgence est essentielle, surtout si vous ou vos proches avez des conditions médicales préexistantes ou si vous avez besoin de médicaments réguliers. Voici quelques conseils pour préparer la section médicaments de votre kit d'urgence :

Médicaments sur ordonnance : Assurez-vous d'avoir une réserve de médicaments sur ordonnance pour vous-même, vos proches et vos animaux de compagnie, si nécessaire. Essayez de stocker au moins une semaine de médicaments, voire plus si possible.

Médicaments en vente libre : Ajoutez des médicaments en vente libre tels que des analgésiques (paracétamol, ibuprofène), des antihistaminiques (contre les allergies), des médicaments contre les nausées et les vomissements, des antidiarrhéiques et des crèmes pour les brûlures et les piqûres d'insectes.

Équipement médical : Si vous avez besoin d'équipement médical spécifique, comme des inhalateurs pour l'asthme, des glucomètres pour le diabète ou des fournitures pour les personnes ayant des besoins médicaux spéciaux, assurez-vous de les inclure dans votre kit.

Conservation appropriée : Stockez les médicaments dans leur emballage d'origine pour préserver leur intégrité et leur efficacité. Assurez-vous qu'ils sont conservés dans un endroit frais et sec, à l'abri de la lumière directe du soleil.

Date d'expiration : Vérifiez régulièrement les dates d'expiration des médicaments et remplacez-les dès qu'ils approchent de la fin de leur durée de vie utile. Disposez correctement des médicaments périmés ou non utilisés selon les recommandations locales.

Informations médicales : Incluez une liste des médicaments et des doses pour chaque membre de la famille, ainsi que des informations sur les allergies, les conditions médicales préexistantes et les coordonnées des médecins traitants.

Instructions : Ajoutez des instructions claires sur l'utilisation des médicaments, en particulier pour ceux qui peuvent nécessiter une utilisation spécifique ou des dosages précis.

Traitement d'urgence : Si vous ou un membre de votre famille avez des besoins médicaux spéciaux ou des conditions médicales graves, envisagez d'ajouter des instructions de traitement d'urgence dans votre kit, comme un plan d'action pour les réactions allergiques sévères.

Articles d'hygiène personnelle

Les articles d'hygiène personnelle sont importants pour maintenir la propreté et le confort pendant une situation d'urgence, comme un cyclone. Voici ce que vous devriez inclure dans votre kit d'urgence en matière d'hygiène personnelle :

Savon : Choisissez un savon liquide ou en barre pour le lavage des mains et du corps.

Shampooing : Un petit flacon de shampooing pour garder vos cheveux propres.

Dentifrice et brosse à dents : Assurez-vous de pouvoir maintenir une bonne hygiène dentaire en incluant du dentifrice et une brosse à dents.

Serviettes hygiéniques ou tampons : Pour les femmes, assurez-vous d'avoir suffisamment de fournitures d'hygiène féminine.

Déodorant : Pour rester frais malgré les conditions d'urgence.

Rasoir et crème à raser : Pour maintenir une apparence soignée.

Papier toilette : Incluez un petit rouleau de papier toilette ou des lingettes humides pour l'hygiène personnelle.

Tissus : Ajoutez des paquets de mouchoirs en papier pour le mouchage et l'essuyage.

Brosse à cheveux ou peigne : Pour garder vos cheveux démêlés et soignés.

Gel désinfectant pour les mains : Un gel désinfectant à base d'alcool pour nettoyer les mains lorsqu'il n'y a pas d'eau disponible.

Lingettes nettoyantes pour le corps : Des lingettes humides jetables pour une toilette rapide lorsque l'eau est limitée.

Lunettes de protection ou de soleil : Pour protéger vos yeux des débris volants ou de la lumière du soleil intense.

Assurez-vous que tous les articles d'hygiène personnelle sont correctement emballés et stockés dans des sacs étanches pour éviter tout dommage ou contamination. En incluant ces articles dans votre kit d'urgence, vous pouvez vous assurer que vous et votre famille restez propres et confortables pendant une situation d'urgence prolongée.

Vêtements et couvertures

Inclure des vêtements appropriés et des couvertures dans votre kit d'urgence est très important pour rester confortable et protégé pendant une situation d'urgence, comme un cyclone. Voici ce que vous devriez inclure :

Vêtements chauds : Prévoyez des vêtements chauds et imperméables pour chaque membre de la famille, y compris des pulls, des vestes, des pantalons longs, des chaussettes épaisses et des chaussures résistantes à l'eau.

Vêtements de rechange : Ajoutez des sous-vêtements et des vêtements de rechange pour plusieurs jours pour chaque membre de la famille.

Chapeaux et gants : Incluez des chapeaux chauds et des gants pour protéger la tête, les mains et les extrémités du froid.

Couvertures : Ajoutez des couvertures chaudes ou des sacs de couchage pour chaque membre de la famille pour maintenir la chaleur corporelle pendant les périodes de froid.

Ponchos ou imperméables : Pour protéger contre la pluie et l'humidité, ajoutez des ponchos jetables ou des imperméables pour chaque membre de la famille.

Chaussures robustes : Assurez-vous que chaque membre de la famille a des chaussures robustes et confortables pour marcher sur des terrains variés.

Lunettes de soleil : Incluez des lunettes de soleil pour protéger les yeux contre l'éblouissement et les rayons UV pendant les périodes ensoleillées.

Chapeaux de soleil : Pour protéger la tête et le visage contre les coups de soleil pendant les périodes ensoleillées.

Assurez-vous que les vêtements et les couvertures sont adaptés aux besoins de chaque membre de la famille et aux conditions météorologiques attendues pendant une situation d'urgence. Rangez-les dans des sacs étanches ou des sacs de rangement pour les protéger de l'humidité et des débris.

Outils et fournitures divers

Inclure des outils et des fournitures diverses dans votre kit d'urgence est important pour vous aider à faire face à diverses situations pendant un cyclone ou toute autre urgence. Voici une liste des éléments que vous devriez envisager d'inclure :

Couteau multifonction : Un couteau suisse ou un outil multifonction peut être utile pour diverses tâches, comme couper, ouvrir des boîtes ou des emballages, et même pour des petites réparations.

Pince ou pinces multiprises : Une pince ou des pinces multiprises peuvent être utiles pour saisir, tourner, tenir ou manipuler divers objets.

Ouvre-boîte : Un ouvre-boîte manuel peut être essentiel pour ouvrir des boîtes de conserve de nourriture en cas de panne de courant ou d'impossibilité d'utiliser des outils électriques.

Allumettes imperméables : Assurez-vous d'avoir un moyen de démarrer un feu en incluant des allumettes imperméables ou des briquets dans votre kit d'urgence.

Corde ou cordelette : Une corde solide ou une cordelette peut être utile pour sécuriser des objets, construire un abri improvisé ou pour d'autres utilisations.

Ruban adhésif : Le ruban adhésif peut être utilisé pour réparer temporairement des objets cassés, fixer des objets ensemble ou pour d'autres réparations temporaires.

Sacs en plastique : Incluez quelques sacs en plastique de différentes tailles pour ranger des objets, protéger des vêtements ou des fournitures de l'eau, ou pour d'autres utilisations.

Carnet et crayon : Gardez un carnet et un crayon pour prendre des notes, laisser des messages ou enregistrer des informations importantes.

Trousse de couture compacte : Une petite trousse de couture peut être utile pour effectuer des réparations mineures sur les vêtements ou les équipements endommagés.

Carte locale : Incluez une carte de la région où vous vivez, avec des informations sur les routes principales, les zones d'évacuation et les abris d'urgence.

Boussole ou GPS portable : Si vous devez vous déplacer pendant une situation d'urgence, une boussole ou un GPS portable peut vous aider à naviguer et à trouver votre chemin.

Marteau et clous : Ces outils peuvent être utiles pour sécuriser des objets ou des structures temporaires en cas de besoin.

Assurez-vous que tous les outils et fournitures sont bien emballés et protégés dans votre kit d'urgence, et gardez-les à portée de main en cas de besoin.

Argent liquide

Inclure de l'argent liquide dans votre kit d'urgence est une excellente idée, car il peut être utile dans de nombreuses situations où les transactions électroniques ou par carte de crédit ne sont pas possibles pendant une urgence. Voici quelques raisons pour lesquelles il est important d'inclure de l'argent liquide dans votre kit d'urgence :

Accès limité aux distributeurs automatiques de billets (DAB) : En cas de panne de courant ou de dysfonctionnement des systèmes bancaires, les DAB peuvent ne pas être disponibles pour retirer de l'argent.

Transactions commerciales : Pendant une urgence, certains commerces peuvent ne pas être en mesure d'accepter les paiements par carte de crédit ou de débit en raison de problèmes techniques ou de pannes de réseau. Avoir de l'argent liquide peut vous permettre d'acheter des biens ou des services essentiels.

Transport : Si vous devez évacuer votre domicile et que les transports en commun sont toujours en service, vous pourriez avoir besoin d'argent liquide pour payer les billets de train, de bus ou de taxi.

Échanges avec d'autres personnes : Pendant une urgence, il peut être utile d'avoir de l'argent liquide à échanger avec d'autres personnes pour obtenir des biens ou des services nécessaires.

Urgences médicales : Dans certaines situations, vous pourriez avoir besoin de payer des services médicaux d'urgence ou des médicaments immédiatement, et l'argent liquide peut vous permettre de le faire rapidement.

Il est recommandé d'inclure une quantité d'argent liquide dans votre kit d'urgence en fonction de vos besoins et de votre situation personnelle. Assurez-vous de stocker l'argent dans un endroit sûr et discret dans votre kit d'urgence, et envisagez d'inclure une combinaison de petites coupures pour faciliter les transactions. Gardez à l'esprit que l'argent liquide ne doit être utilisé qu'en cas d'urgence et doit être géré avec précaution pour éviter les pertes ou les vols.

Assurer la sécurité des animaux domestiques

Assurer la sécurité des animaux domestiques pendant une situation d'urgence, comme un cyclone, est essentiel pour leur bien-être et leur survie. Voici quelques conseils pour prendre soin de vos animaux domestiques pendant une urgence :

Planifier à l'avance

Planifier à l'avance pour la sécurité de vos animaux domestiques pendant une situation d'urgence est essentiel pour garantir leur bien-être. Voici quelques étapes à suivre pour une planification efficace :

Identification : Assurez-vous que tous vos animaux domestiques portent des colliers avec des étiquettes d'identification actuelles, indiquant leur nom et vos coordonnées. Envisagez également de faire pucer ou tatouer vos animaux domestiques pour une identification permanente.

Dossier médical : Gardez les dossiers médicaux de vos animaux domestiques, y compris les certificats de vaccination, les preuves de propriété et les informations sur les médicaments, dans un endroit sûr et facilement accessible.

Réserves d'aliments et d'eau : Stockez une réserve d'aliments pour animaux domestiques pour plusieurs jours, ainsi que de l'eau en bouteille. Assurez-vous d'inclure des bols pour l'eau et la nourriture dans votre kit d'urgence.

Médicaments et fournitures médicales : Assurez-vous d'avoir une réserve de médicaments pour vos animaux domestiques, ainsi que des fournitures médicales de base telles que des bandages, des ciseaux de secours et des désinfectants.

Abri d'urgence : Renseignez-vous sur les abris d'urgence dans votre région qui acceptent les animaux domestiques et planifiez où vous allez les emmener en cas d'évacuation. Assurez-vous de connaître leurs politiques et leurs exigences en matière d'animaux domestiques.

Transport : Prévoyez un moyen de transport pour vos animaux domestiques en cas d'évacuation, comme des cages, des caisses de transport ou des sacs de transport. Entraînez vos animaux domestiques à entrer volontairement dans ces dispositifs.

Plan de communication : Informez les membres de votre famille et les voisins de votre plan d'urgence pour vos animaux domestiques, y compris qui est responsable de les prendre en charge en cas d'évacuation.

Rester informé : Gardez une radio portable à piles ou à manivelle dans votre kit d'urgence pour rester informé des dernières informations et alertes météorologiques, y compris celles concernant les animaux domestiques.

Évacuation anticipée : Si vous vivez dans une zone sujette aux cyclones, envisagez de prévoir une évacuation anticipée pour vous-même et vos animaux domestiques, surtout si vous avez des animaux de grande taille ou des espèces exotiques qui nécessitent des arrangements spéciaux.

Fournitures d'urgence

Pour assurer la sécurité et le bien-être de vos animaux domestiques pendant une situation d'urgence comme un cyclone, il est important d'avoir également des fournitures d'urgence spécifiques pour eux. Voici une liste des fournitures d'urgence à inclure dans votre kit pour animaux domestiques :

Nourriture pour animaux : Stockez une réserve de nourriture non périssable pour plusieurs jours pour chaque animal domestique. Assurez-vous d'inclure des aliments adaptés à leur régime alimentaire et à leurs besoins nutritionnels.

Eau : Prévoyez une réserve d'eau en bouteille pour vos animaux domestiques, en plus de celle pour votre famille. Assurez-vous d'avoir suffisamment d'eau pour couvrir leurs besoins en hydratation pendant plusieurs jours.

Gamelles : Incluez des bols ou des gamelles pour l'eau et la nourriture de vos animaux domestiques dans votre kit d'urgence. Optez de préférence pour des modèles portables et légers.

Trousse de premiers secours pour animaux : Préparez une trousse de premiers secours spécialement conçue pour les animaux domestiques, comprenant des fournitures médicales de base comme des pansements, des désinfectants, des ciseaux de secours et des bandages.

Cage de transport ou harnais : Prévoyez un moyen de transporter vos animaux domestiques en toute sécurité en cas d'évacuation, comme une cage de transport, une caisse ou un harnais adapté à leur taille.

Laisse : Gardez une laisse pour chaque animal domestique dans votre kit d'urgence, afin de pouvoir les maintenir en sécurité et sous contrôle pendant une évacuation ou une urgence.

Informations sur les animaux : Incluez les informations de santé, les certificats de vaccination, les preuves de propriété et les coordonnées du vétérinaire de chaque animal dans votre kit d'urgence.

Médicaments et documents

Pour assurer la santé et le bien-être de vos animaux domestiques pendant une situation d'urgence comme un cyclone, il est important d'avoir leurs médicaments et leurs documents médicaux à portée de main. Voici ce que vous devriez inclure dans votre kit pour vos animaux domestiques :

Médicaments : Assurez-vous d'avoir une réserve de médicaments sur ordonnance pour chaque animal domestique, en quantité suffisante pour couvrir plusieurs jours voire plusieurs semaines, selon la durée prévue de l'urgence. Cela peut inclure des médicaments pour des conditions chroniques, des traitements contre les parasites ou des médicaments d'urgence.

Traitements contre les parasites : Gardez également une réserve de traitements contre les puces, les tiques, les vers et autres parasites, car ces problèmes de santé peuvent devenir plus courants pendant une situation d'urgence.

Fournitures médicales : Incluez des fournitures médicales de base dans votre kit d'urgence pour animaux domestiques, comme des pansements, des désinfectants, des ciseaux de secours, des bandages et des compresses.

Documents médicaux : Assurez-vous d'avoir une copie des dossiers médicaux de chaque animal domestique, y compris les certificats de vaccination, les preuves de propriété, les informations sur les allergies ou les conditions médicales préexistantes, et les coordonnées du vétérinaire.

Ordres du vétérinaire : Si certains de vos animaux domestiques nécessitent des soins médicaux spécifiques ou ont des restrictions alimentaires, assurez-vous d'avoir des ordres écrits de leur vétérinaire pour référence pendant une situation d'urgence.

Cartes d'identification : Gardez les cartes d'identification de vos animaux domestiques dans votre kit d'urgence, avec leurs noms, vos coordonnées et une photo récente de chaque animal.

Informations de contact : Incluez les coordonnées de votre vétérinaire régulier dans votre kit d'urgence, ainsi que les coordonnées d'urgence pour les cliniques vétérinaires locales ou les hôpitaux en cas de besoin urgent de soins médicaux pour vos animaux domestiques.

Identification

L'identification de vos animaux domestiques est cruciale pendant une situation d'urgence, comme un cyclone, pour assurer leur retour en sécurité en cas de séparation. Voici quelques moyens efficaces pour identifier vos animaux domestiques :

Colliers avec étiquettes d'identification : Fournissez à chaque animal domestique un collier avec une étiquette d'identification contenant son nom et vos coordonnées. Assurez-vous que les informations sur l'étiquette sont à jour et facilement lisibles.

Micro-puces : Faites implanter une micro-puce à vos animaux domestiques par votre vétérinaire. Les micro-puces sont de petites puces électroniques insérées sous la peau de l'animal, contenant un numéro d'identification unique. Assurez-vous de mettre à jour les informations de contact associées à la puce chaque fois que vous déménagez ou changez de numéro de téléphone.

Tatouages : Certains propriétaires choisissent de faire tatouer leurs animaux domestiques avec un numéro d'identification unique, généralement à l'intérieur de l'oreille ou sur une autre partie du corps. Assurez-vous de garder une trace du numéro de tatouage et des informations associées dans vos dossiers d'identification.

Photos récentes : Prenez des photos récentes de chaque animal domestique pour pouvoir les identifier plus facilement en cas de séparation. Assurez-vous que les photos montrent clairement les caractéristiques distinctives de chaque animal, comme les marques, les couleurs et les motifs.

Registres de propriété : Gardez des registres détaillés de propriété pour chaque animal domestique, y compris les documents d'adoption, les certificats d'enregistrement et les preuves de propriété. Ces documents peuvent être utiles pour prouver la propriété de l'animal en cas de besoin.

Transport

Préparer un moyen de transport pour vos animaux domestiques est crucial pour assurer leur sécurité pendant une situation d'urgence comme un cyclone. Voici quelques conseils pour le transport de vos animaux domestiques :

Cages de transport : Pour les petits animaux domestiques comme les chats, les chiens de petite taille et les petits rongeurs, utilisez des cages de transport appropriées. Choisissez des cages suffisamment grandes pour que l'animal puisse se tenir debout, se retourner et s'allonger confortablement.

Caisses de transport : Pour les chiens de taille moyenne à grande, utilisez des caisses de transport rigides ou pliables. Assurez-vous que la caisse est assez grande pour que l'animal puisse se tenir debout et se retourner. Placez-y un tapis absorbant et confortable.

Harnais et laisse : Pour les animaux domestiques qui ne peuvent pas être placés dans une cage ou une caisse de transport, utilisez un harnais et une laisse pour les garder sous contrôle pendant l'évacuation. Assurez-vous que le harnais est bien ajusté et confortable pour l'animal.

Transport en voiture : Si vous évacuez en voiture, placez les cages de transport ou les caisses de transport dans le coffre ou à l'arrière du véhicule, attachées solidement pour éviter les mouvements excessifs en cas de freinage brusque.

Transport en transports publics : Si vous devez utiliser les transports publics pendant une évacuation, assurez-vous de vérifier à l'avance les politiques concernant les animaux domestiques. Portez une attention particulière aux règles concernant les cages de transport, les caisses de transport et les animaux en laisse.

Confort et sécurité : Assurez-vous que vos animaux domestiques sont à l'aise et en sécurité pendant le transport. Fournissez-leur de l'eau fraîche, des couvertures ou des serviettes pour les garder au chaud, et assurez-vous qu'ils ont suffisamment d'espace pour se déplacer légèrement.

En planifiant à l'avance et en prenant ces mesures pour le transport de vos animaux domestiques, vous pouvez vous assurer qu'ils restent en sécurité et bien pris en charge pendant une évacuation due à un cyclone ou toute autre situation d'urgence.

Sécurisation de la maison

La sécurisation de votre maison avant un cyclone est essentielle pour protéger votre famille, vos biens et vos animaux domestiques. Voici quelques mesures à prendre pour sécuriser votre maison :

Renforcez les portes et les fenêtres : Vérifiez que toutes les portes et les fenêtres sont bien fermées et verrouillées. Si nécessaire, renforcez-les avec des contrevents ou des panneaux de bois pour les protéger contre les vents violents.

Nettoyez les extérieurs : Retirez tous les objets non fixés dans votre jardin ou sur votre terrasse, tels que les meubles de jardin, les pots de fleurs et les outils. Rentrez également les véhicules dans un garage ou un abri.

Inspectez le toit : Vérifiez l'état de votre toit pour vous assurer qu'il est en bon état et qu'il ne présente pas de signes de dommages ou de faiblesses. Réparez les tuiles cassées ou les fuites pour éviter les infiltrations d'eau pendant le cyclone.

Renforcez la structure : Renforcez les parties vulnérables de votre maison, comme les portes de garage, les lucarnes, les vérandas et les auvents. Utilisez des matériaux solides et des méthodes de fixation sécurisées pour les protéger contre les vents forts.

Préparez un abri sûr : Identifiez une pièce sûre à l'intérieur de votre maison où vous et votre famille pouvez vous réfugier pendant le cyclone, comme une salle de bains ou une buanderie au centre de la maison, loin des fenêtres et des portes extérieures.

Protégez les animaux domestiques : Gardez vos animaux domestiques à l'intérieur pendant le cyclone et assurez-vous qu'ils ont suffisamment d'eau, de nourriture et de confort. Préparez également une caisse de transport ou une cage sécurisée pour les animaux plus petits.

Coupez l'électricité et le gaz : Coupez l'électricité et le gaz à votre domicile si vous êtes averti d'un cyclone imminent. Cela réduira les risques de choc électrique et de fuite de gaz en cas de dommages structurels.

Évacuation anticipée : Si votre maison est située dans une zone à risque élevé d'inondation ou d'autres dangers liés au cyclone, envisagez une évacuation anticipée vers un abri sûr ou une zone hors de portée du cyclone.

Gardez-les calmes

Pendant un cyclone ou toute autre situation d'urgence, il est important de garder vos animaux domestiques aussi calmes que possible pour assurer leur sécurité et leur bien-être. Voici quelques conseils pour aider à calmer vos animaux domestiques pendant une tempête :

Restez calme : Vos animaux domestiques peuvent ressentir votre propre niveau de stress, alors essayez de rester calme et rassurant. Parlez-leur d'une voix douce et apaisante pour les aider à se sentir en sécurité.

Créez un environnement sûr : Aménagez une zone sécurisée à l'intérieur de votre maison où vos animaux domestiques peuvent se réfugier pendant la tempête. Cela peut être une pièce intérieure sans fenêtres, comme une salle de bain ou une buanderie, où ils se sentiront protégés des bruits forts et des vents violents.

Restez avec eux : Restez près de vos animaux domestiques pendant la tempête pour leur fournir un soutien émotionnel et les rassurer. Les animaux domestiques peuvent être réconfortés par la présence de leurs propriétaires pendant les moments de stress.

Évitez de les laisser dehors : Gardez vos animaux domestiques à l'intérieur pendant la tempête pour les protéger des dangers potentiels tels que les débris volants, les inondations et les vents forts. Si vous avez des animaux de ferme, assurez-vous qu'ils ont un abri sûr et sécurisé pour se protéger.

Utilisez des produits apaisants : Certains produits naturels ou commerciaux peuvent aider à calmer les animaux domestiques pendant une tempête, comme des phéromones apaisantes ou des sprays relaxants. Consultez votre vétérinaire pour des recommandations spécifiques à votre animal.

Maintenez une routine : Essayez de maintenir autant que possible la routine quotidienne de vos animaux domestiques pendant la tempête, en leur donnant à manger aux heures habituelles et en leur offrant des moments d'exercice.

Protéger Votre Propriété

Renforcer les structures et les toitures

Pour protéger votre propriété contre les dommages causés par un cyclone, il est important de renforcer les structures et les toitures. Voici quelques mesures que vous pouvez prendre pour renforcer votre propriété :

Inspection régulière

Effectuer une inspection régulière de votre maison est essentiel pour détecter tout signe de dommage ou de faiblesse structurelle qui pourrait être exacerbé par un cyclone. Voici quelques points clés à surveiller lors de votre inspection régulière :

Toiture : Vérifiez l'état de votre toiture, en recherchant les signes de dommages tels que des tuiles ou des bardeaux manquants, fissurés ou endommagés. Assurez-vous que les gouttières et les descentes pluviales sont propres et en bon état de fonctionnement pour permettre l'écoulement adéquat des eaux de pluie.

Fondations : Inspectez les fondations de votre maison pour détecter tout signe de fissures, d'affaissement ou d'instabilité. Assurez-vous que les drains de fondation sont dégagés et fonctionnent correctement pour éviter les problèmes d'humidité et d'inondation.

Murs extérieurs : Examinez les murs extérieurs de votre maison à la recherche de fissures ou de tout signe de déformation. Assurez-vous que le revêtement extérieur est en bon état et bien fixé pour résister aux vents forts.

Portes et fenêtres : Vérifiez l'état des portes et des fenêtres, en vous assurant qu'elles sont bien ajustées et qu'elles se ferment correctement. Installez des contrevents ou des panneaux de protection si nécessaire pour renforcer leur résistance aux vents forts.

Systèmes électriques et de plomberie : Inspectez les systèmes électriques et de plomberie de votre maison pour détecter tout signe de dommage ou de dysfonctionnement. Assurez-vous que les connexions électriques et les tuyaux sont sécurisés et en bon état de fonctionnement.

Systèmes de chauffage, ventilation et climatisation (CVC) : Faites inspecter régulièrement les systèmes de CVC de votre maison pour vous assurer qu'ils fonctionnent correctement et qu'ils sont en bon état de fonctionnement. Assurez-vous que les filtres sont propres et que les conduits sont dégagés.

Aménagement paysager : Taillez les arbres et les arbustes autour de votre maison pour éliminer les branches mortes ou malades qui pourraient devenir des projectiles pendant un cyclone. Assurez-vous également de retirer tout objet lourd ou encombrant qui pourrait être soufflé par le vent.

Renforcement des fondations

Renforcer les fondations de votre maison est essentiel pour assurer sa stabilité pendant un cyclone. Voici quelques mesures que vous pouvez prendre pour renforcer les fondations de votre maison :

Inspection des fondations : Commencez par inspecter attentivement les fondations de votre maison pour détecter tout signe de dommage, de fissures ou d'affaissement. Recherchez les zones où le béton est endommagé ou les endroits où il y a des signes de mouvement du sol.

Réparation des fissures : Si vous trouvez des fissures dans les fondations, même petites, il est important de les réparer rapidement pour éviter qu'elles ne s'aggravent avec le temps. Utilisez un matériau de remplissage approprié pour combler les fissures et empêcher l'eau de s'infiltrer.

Drainage efficace : Assurez-vous que le drainage autour de votre maison est efficace pour évacuer l'eau de pluie loin des fondations. Nettoyez régulièrement les gouttières et les descentes pluviales pour éviter les obstructions et assurez-vous que les drains de fondation sont dégagés et fonctionnent correctement.

Amélioration de l'écoulement des eaux : Si votre maison est située dans une zone sujette aux inondations, envisagez d'installer des systèmes de drainage supplémentaires, tels que des fossés de drainage ou des systèmes de drainage français, pour aider à éloigner l'eau des fondations.

Renforcement structurel : Si nécessaire, renforcez les fondations de votre maison en utilisant des techniques de renforcement structurel telles que l'ajout de piliers, de poutres ou de contreventements.

Protection contre l'érosion : Si votre maison est située sur un sol sujet à l'érosion, envisagez de renforcer les fondations en utilisant des matériaux de protection contre l'érosion tels que des enrochements ou des gabions pour stabiliser le sol autour de la maison.

Surveillance régulière : Après avoir renforcé les fondations de votre maison, surveillez régulièrement l'état des fondations pour détecter tout signe de dommage ou de mouvement du sol. Réparez rapidement tout problème identifié pour éviter qu'il ne s'aggrave.

En prenant ces mesures pour renforcer les fondations de votre maison, vous pouvez améliorer sa résistance aux vents forts et aux inondations pendant un cyclone, et ainsi protéger votre famille et vos biens contre les dommages potentiels.

Fixation des éléments extérieurs

La fixation des éléments extérieurs de votre maison est essentielle pour réduire les risques de dommages pendant un cyclone. Voici quelques conseils pour fixer solidement les éléments extérieurs de votre maison :

Évaluation des éléments extérieurs : Passez en revue tous les éléments extérieurs de votre maison, y compris les antennes, les panneaux solaires, les stores, les auvents, les abris de jardin et tout autre équipement susceptible d'être soufflé par le vent.

Utilisation de fixations robustes : Utilisez des fixations robustes et de haute qualité pour attacher les éléments extérieurs à la structure de votre maison ou à des supports solides. Assurez-vous que les fixations sont conçues pour résister aux forces du vent et aux conditions météorologiques extrêmes.

Installation sécurisée : Fixez les éléments extérieurs de manière sécurisée en suivant les instructions du fabricant ou en faisant appel à un professionnel qualifié. Assurez-vous que les fixations sont correctement installées et bien serrées pour éviter tout jeu ou mouvement excessif.

Renforcement supplémentaire : Renforcez les éléments extérieurs si nécessaire en ajoutant des supports supplémentaires, des poteaux de renfort ou des contreventements. Renforcez les points de fixation avec des plaques de renforcement ou des entretoises pour une stabilité supplémentaire.

Éloignez les objets volants : Éloignez tous les objets lourds ou encombrants qui pourraient devenir des projectiles dangereux pendant un cyclone. Rangez les meubles et autres objets susceptibles d'être emportés par le vent et fixez-les si nécessaire.

Inspection régulière : Effectuez régulièrement une inspection des éléments extérieurs de votre maison pour détecter tout signe de dommage ou de faiblesse. Remplacez ou réparez rapidement toute fixation endommagée ou desserrée.

Renforcement des portes et des fenêtres

Le renforcement des portes et des fenêtres est essentiel pour protéger votre maison pendant un cyclone. Voici quelques mesures que vous pouvez prendre pour renforcer vos portes et fenêtres :

Installation de contrevents : Installez des contrevents en bois, en métal ou en plastique renforcé pour protéger vos fenêtres des vents forts et des débris volants. Les contrevents doivent être solidement fixés et recouvrir complètement les fenêtres.

Utilisation de film de protection : Appliquez un film de protection sur les fenêtres pour les renforcer contre les impacts et réduire les risques de bris de verre en cas de cyclone. Assurez-vous d'utiliser un film de protection spécialement conçu pour les tempêtes.

Renforcement des cadres : Renforcez les cadres des portes et des fenêtres avec des matériaux robustes tels que le métal ou le bois. Utilisez des vis ou des boulons de qualité pour fixer solidement les cadres à la structure de la maison.

Installation de volets roulants : Installez des volets roulants en métal ou en PVC pour protéger vos portes et fenêtres des vents forts, des débris volants et des intrusions. Les volets roulants peuvent être abaissés rapidement et facilement en cas d'urgence.

Renforcement des portes : Renforcez les portes extérieures avec des barres transversales en métal ou des plaques de renforcement pour les protéger contre les forces du vent. Assurez-vous que les serrures sont robustes et que les charnières sont solidement fixées.

Scellement des ouvertures : Scellez les ouvertures autour des portes et des fenêtres avec du calfeutrage résistant aux intempéries pour empêcher l'eau et les débris d'entrer dans la maison pendant un cyclone.

Inspection régulière : Effectuez régulièrement une inspection des portes et des fenêtres de votre maison pour détecter tout signe de dommage ou de faiblesse. Remplacez ou réparez rapidement tout élément endommagé ou usé.

En prenant ces mesures pour renforcer vos portes et fenêtres, vous pouvez réduire les risques de dommages pendant un cyclone et protéger votre maison contre les vents forts, les débris volants et les infiltrations d'eau. Assurez-vous également de suivre les recommandations des autorités locales en matière de sécurité pendant une tempête.

Renforcement de la toiture

Le renforcement de la toiture est essentiel pour protéger votre maison pendant un cyclone. Voici quelques mesures que vous pouvez prendre pour renforcer la toiture de votre maison :

Inspection régulière : Effectuez régulièrement une inspection de votre toiture pour détecter tout signe de dommage, d'usure ou de faiblesse. Recherchez les tuiles ou bardeaux fissurés, manquants ou endommagés, ainsi que les signes de fuites ou de pourriture du bois.

Réparations rapides : Réparez rapidement tout dommage ou problème identifié lors de l'inspection de votre toiture. Remplacez les tuiles ou bardeaux endommagés, réparez les fuites et renforcez les zones affaiblies pour éviter qu'elles ne s'aggravent pendant un cyclone.

Renforcement des attaches : Renforcez les attaches des tuiles ou bardeaux en utilisant des clous ou des vis de qualité supérieure. Assurez-vous que les tuiles ou bardeaux sont correctement fixés à la charpente de la maison pour éviter qu'ils ne soient arrachés par les vents forts.

Utilisation de matériaux résistants : Utilisez des matériaux de toiture résistants aux intempéries et spécialement conçus pour résister aux vents forts et aux conditions météorologiques extrêmes. Optez pour des tuiles en béton ou en métal et des bardeaux de qualité supérieure.

Installation de connecteurs de toit : Installez des connecteurs de toit ou des clips de renforcement pour sécuriser la structure de la toiture et réduire les risques de soulèvement ou d'arrachement pendant un cyclone. Assurez-vous que les connecteurs sont correctement fixés à la charpente de la maison.

Renforcement des avant-toits et des débords : Renforcez les avant-toits et les débords de la toiture pour éviter qu'ils ne se détachent ou ne s'effondrent pendant un cyclone. Fixez-les solidement à la charpente de la maison et assurez-vous qu'ils sont en bon état de fonctionnement.

Protection contre les débris

Pour protéger votre maison contre les débris pendant un cyclone, voici quelques mesures que vous pouvez prendre :

Nettoyer les environs : Enlevez tous les débris autour de votre maison, tels que les branches d'arbres mortes, les feuilles mortes et les meubles de jardin. Rangez-les dans un endroit sûr pour éviter qu'ils ne deviennent des projectiles pendant la tempête.

Tailler les arbres et les arbustes : Taillez les arbres et les arbustes autour de votre maison pour éliminer les branches mortes ou malades qui pourraient se détacher et causer des dommages pendant un cyclone. Éloignez les branches des fenêtres, du toit et des lignes électriques.

Fixer les objets extérieurs : Attachez solidement tous les objets extérieurs susceptibles d'être emportés par le vent, tels que les meubles de jardin, les outils, les poubelles et les vélos . Utilisez des cordes, des sangles ou des pinces pour les fixer au sol ou à des supports solides.

Ranger les objets lourds : Rangez les objets lourds ou encombrants, tels que les pots de fleurs, les statues de jardin et les équipements de plein air, dans un endroit sûr à l'intérieur de votre maison ou dans un abri. Éloignez-les des fenêtres et des portes pour éviter les dommages en cas de bris de vitre.

Renforcer les clôtures : Renforcez les clôtures autour de votre propriété en utilisant des poteaux plus robustes, des fixations supplémentaires et des matériaux de qualité. Assurez-vous que les clôtures sont solidement ancrées dans le sol pour résister aux vents forts.

Protéger les véhicules : Rentrez les véhicules dans un garage ou un abri sécurisé pour les protéger contre les débris volants et les dommages causés par le vent. Si vous ne disposez pas d'un garage, garez les véhicules loin des arbres et des structures fragiles.

Prévoir un espace de stockage : Aménagez un espace de stockage dédié à l'extérieur de votre maison pour ranger les objets qui pourraient devenir des projectiles pendant un cyclone. Utilisez des boîtes de rangement robustes et des bâches pour protéger les objets contre les intempéries.

Installation de systèmes d'ancrage

L'installation de systèmes d'ancrage est une étape importante pour sécuriser les structures extérieures de votre maison pendant un cyclone. Voici quelques types de systèmes d'ancrage que vous pouvez envisager :

Ancrage pour abris de jardin : Si vous avez un abri de jardin ou une remise sur votre propriété, assurez-vous qu'il est solidement ancré au sol pour résister aux vents forts. Utilisez des pieux d'ancrage ou des poteaux en métal enfoncés dans le sol et fixés à la structure de l'abri pour le maintenir en place.

Ancrage pour auvents et pergolas : Si vous avez des auvents ou des pergolas attachés à votre maison, renforcez-les avec des systèmes d'ancrage appropriés. Utilisez des poteaux en métal fixés au sol ou à la structure de la maison pour stabiliser les auvents et les pergolas et les empêcher de s'envoler par temps venteux.

Ancrage pour véhicules récréatifs : Si vous avez un véhicule récréatif (VR) ou une caravane sur votre propriété, assurez-vous qu'il est correctement ancré au sol pour éviter qu'il ne soit renversé par les vents forts. Utilisez des sangles ou des cordes pour attacher le VR aux points d'ancrage fixés au sol.

Ancrage pour bateaux : Si vous avez un bateau amarré sur votre propriété, assurez-vous qu'il est solidement amarré et sécurisé pour éviter qu'il ne soit emporté par les vagues ou les vents forts. Utilisez des cordes ou des chaînes robustes pour attacher le bateau à des poteaux d'ancrage ou à des pieux enfoncés dans le sol.

Ancrage pour équipements de jeu : Si vous avez des équipements de jeu pour enfants, tels que des balançoires ou des toboggans, assurez-vous qu'ils sont correctement ancrés au sol pour éviter qu'ils ne soient renversés par les vents forts. Utilisez des poteaux d'ancrage en métal enfoncés dans le sol et fixés à la structure de l'équipement.

Installer des volets de protection contre les vents violents

Installer des volets de protection contre les vents violents est une mesure efficace pour protéger votre maison pendant un cyclone. Voici quelques étapes à suivre pour installer des volets de protection :

Choix des volets : Optez pour des volets spécialement conçus pour résister aux vents forts et aux conditions météorologiques extrêmes. Les volets en métal, en plastique renforcé ou en aluminium sont généralement recommandés pour leur robustesse.

Mesure des fenêtres : Prenez des mesures précises de vos fenêtres pour vous assurer que les volets s'adaptent parfaitement. Assurez-vous de mesurer la hauteur, la largeur et l'épaisseur de chaque fenêtre pour choisir les volets de la bonne taille.

Installation des supports : Fixez des supports solides autour de chaque fenêtre pour supporter les volets. Utilisez des supports en métal ou en bois robustes et assurez-vous qu'ils sont correctement fixés à la structure de la maison.

Fixation des volets : Fixez les volets sur les supports en utilisant des charnières ou des systèmes de fixation appropriés. Assurez-vous que les volets sont solidement fixés et qu'ils recouvrent complètement les fenêtres pour les protéger contre les débris volants.

Renforcement des points de fixation : Renforcez les points de fixation des volets en utilisant des vis ou des boulons de qualité supérieure. Assurez-vous que les volets sont correctement fixés à la structure de la maison pour éviter qu'ils ne soient arrachés par les vents forts.

Test des volets : Une fois les volets installés, testez-les pour vous assurer qu'ils s'ouvrent et se ferment correctement. Vérifiez qu'ils sont bien ajustés et qu'ils offrent une protection adéquate contre les intempéries.

Entretien régulier : Effectuez un entretien régulier des volets pour vous assurer qu'ils restent en bon état de fonctionnement. Nettoyez-les régulièrement et vérifiez les supports et les fixations pour tout signe de dommage ou de corrosion.

Élaguer les arbres et sécuriser les objets extérieurs

Élaguer les arbres et sécuriser les objets extérieurs sont des étapes importantes pour réduire les risques de dommages pendant un cyclone ou une tempête. Voici quelques conseils pour effectuer ces tâches efficacement :

Élaguer les arbres

Identifiez les branches à élaguer

Lors de l'élagage des arbres, identifiez les branches à élaguer en suivant ces conseils :

Branches mortes ou endommagées : Repérez les branches qui sont mortes, malades ou endommagées. Ces branches sont plus susceptibles de se détacher pendant une tempête et peuvent causer des dommages.

Branches surplombant les structures : Cherchez les branches qui pendent au-dessus de votre maison, de votre garage, de votre voiture ou de toute autre structure. Ces branches peuvent tomber et causer des dommages en cas de vent fort.

Branches proches des lignes électriques : Recherchez les branches qui sont en contact avec les lignes électriques ou qui sont trop proches pour des raisons de sécurité. Contactez les services publics si des branches menacent les lignes électriques.

Branches mal positionnées : Identifiez les branches qui poussent dans des directions indésirables, comme vers les fenêtres de votre maison ou vers d'autres arbres. L'élagage de ces branches peut prévenir les conflits futurs.

Branches fragiles : Faites attention aux branches qui semblent fragiles ou qui ont des fourches étroites. Ces branches peuvent se casser plus facilement sous la pression du vent et doivent être élaguées pour éviter les dommages.

Utilisez les bons outils

Pour élaguer efficacement les arbres, il est essentiel d'utiliser les bons outils. Voici une liste des principaux outils recommandés pour l'élagage des arbres :

Sécateur : Un sécateur est un outil à main utilisé pour couper les branches plus petites, généralement jusqu'à environ 2-3 centimètres de diamètre. Il existe différents types de sécateurs, y compris les sécateurs à enclume et les sécateurs à contrecoup, chacun ayant ses propres avantages pour différents types de coupes.

Ébrancheur : Un ébrancheur, également appelé cisaille à long manche, est utilisé pour couper les branches plus épaisses, généralement jusqu'à 5-7 centimètres de diamètre. Il est équipé de lames tranchantes actionnées par des poignées à long manche, ce qui permet de couper les branches en hauteur sans avoir à monter sur une échelle.

Scie à élaguer : Pour les branches plus épaisses, une scie à élaguer est nécessaire. Cette scie a une lame plus longue et plus robuste conçue pour couper des branches jusqu'à 15-20 centimètres de diamètre. Il existe des scies à élaguer manuelles et des scies à élaguer électriques ou à batterie pour les travaux plus importants.

Échelle ou échafaudage : Pour atteindre les branches plus hautes, vous aurez besoin d'une échelle ou d'un échafaudage sécurisé. Assurez-vous d'utiliser une échelle stable et correctement positionnée, ou d'utiliser un échafaudage conforme aux normes de sécurité.

Protecteurs d'oreilles et lunettes de protection : Lors de l'utilisation d'outils électriques tels que les scies à élaguer, il est important de protéger vos oreilles contre le bruit et vos yeux contre les débris volants en portant des protecteurs d'oreilles et des lunettes de protection.

Gants de jardinage : Les gants de jardinage offrent une protection supplémentaire pour vos mains pendant l'élagage en prévenant les égratignures, les piqûres et les coupures.

Assurez-vous de choisir des outils de qualité adaptés à la taille des branches que vous prévoyez de couper et de les entretenir régulièrement pour assurer leur efficacité et leur sécurité.

Coupez proprement

Pour couper proprement les branches des arbres lors de l'élagage, suivez ces étapes :

Choisissez le bon endroit : Identifiez le point sur la branche où vous souhaitez effectuer la coupe. Assurez-vous de couper juste à l'extérieur du collet de la branche, là où elle rejoint le tronc ou une autre branche principale.

Utilisez un outil tranchant : Utilisez un sécateur, un ébrancheur ou une scie à élaguer bien aiguisés pour effectuer la coupe. Un outil émoussé peut écraser la branche et causer des dommages supplémentaires à l'arbre.

Effectuez une coupe propre : Faites une coupe nette et propre en une seule fois, sans hésitation ni secousses. Coupez à un angle oblique, légèrement vers le bas et à l'extérieur de la branche, pour favoriser une guérison rapide et empêcher l'accumulation d'eau.

Évitez de laisser des chicots : Assurez-vous de couper la branche aussi près que possible du tronc ou de la branche principale sans laisser de chicots. Les chicots peuvent attirer les insectes et les maladies et ralentir le processus de guérison de l'arbre.

Nettoyez la coupe : Une fois la coupe terminée, examinez-la pour vous assurer qu'elle est propre et sans déchirures. Si nécessaire, utilisez un couteau bien affûté pour lisser les bords rugueux de la coupe.

Ne pas appliquer de peinture ou de produit d'étanchéité : Contrairement à une croyance populaire, l'application de peinture ou de produits d'étanchéité sur la coupe n'est pas recommandée. L'arbre est capable de sceller la plaie de manière naturelle, et l'ajout de produits chimiques peut en fait ralentir le processus de guérison.

Éliminez les débris

Après avoir élagué les arbres, il est important d'éliminer les débris de manière appropriée pour assurer la sécurité et maintenir la propreté de votre propriété. Voici quelques conseils pour éliminer les débris d'élagage :

Coupez les branches en morceaux gérables : Si les branches élaguées sont assez grandes, coupez-les en morceaux plus petits et gérables à l'aide d'une scie à élaguer ou d'une scie à main. Cela facilitera le transport et le stockage des débris.

Si vous avez un broyeur de végétaux, vous pouvez passer les branches élaguées à travers pour les déchiqueter en petits morceaux. Les déchets broyés peuvent être utilisés comme paillis ou compostés pour enrichir le sol de votre jardin.

Disposez des débris conformément aux réglementations locales : Renseignez-vous sur les règles et réglementations locales concernant l'élimination des débris de jardin. Certaines municipalités offrent des services de collecte des déchets verts ou des sites de dépôt où vous pouvez déposer les débris d'élagage.

Compostez les débris si possible : Si vous avez un composteur à domicile, vous pouvez ajouter les débris d'élagage à votre tas de compost. Les déchets organiques se décomposeront au fil du temps pour créer un compost riche et nutritif pour votre jardin.

Faites appel à un service d'élimination des déchets : Si vous avez une grande quantité de débris d'élagage ou si vous ne pouvez pas les éliminer vous-même, envisagez de faire appel à un service d'élimination des déchets verts. Ils peuvent ramasser et éliminer les débris de manière appropriée.

Soyez prudent lors de l'élimination des débris : Manipulez les branches élaguées avec précaution pour éviter les blessures. Utilisez des gants de jardinage et des vêtements de protection appropriés lorsque vous manipulez des débris d'élagage.

Sécuriser les objets extérieurs

Attachez les objets

Pour sécuriser les objets extérieurs, attacher les objets est une étape importante pour éviter qu'ils ne deviennent des projectiles potentiellement dangereux pendant un cyclone ou une tempête. Voici quelques conseils pour attacher les objets extérieurs de manière efficace :

Évaluation des objets : Identifiez les objets extérieurs susceptibles d'être emportés par le vent, tels que les meubles de jardin, les pots de fleurs, les bacs à fleurs, les outils de jardinage, etc.

Choix des attaches appropriées : Utilisez des cordes solides, des sangles de fixation, des chaînes ou des câbles en acier pour attacher les objets. Assurez-vous que les attaches sont capables de supporter les forces du vent pendant la tempête.

Fixation sécurisée : Attachez fermement les objets aux structures fixes telles que des poteaux, des clôtures, des murs ou des pieux enfoncés dans le sol. Assurez-vous que les attaches sont bien serrées pour éviter que les objets ne se détachent.

Répartition des charges : Répartissez la charge de manière équilibrée sur les objets à attacher. Évitez de concentrer trop de poids sur une seule attache, ce qui pourrait la rendre plus vulnérable aux forces du vent.

Protection des surfaces : Utilisez des protège-angles en mousse ou des morceaux de tissu pour protéger les surfaces des objets des dommages causés par les attaches. Évitez d'endommager les objets pendant le processus d'attache.

Prévoyez des mouvements limités : Attachez les objets de manière à limiter leur capacité à se déplacer ou à basculer pendant les rafales de vent. Fixez les objets dans une position stable pour réduire les risques de dommages.

Préparation précoce : Attachez les objets extérieurs avant l'arrivée prévue de la tempête pour éviter de devoir le faire dans des conditions météorologiques dangereuses.

Rangez les objets légers

Pour sécuriser votre propriété avant un cyclone ou une tempête, il est important de ranger les objets légers qui pourraient devenir des projectiles dangereux sous l'effet du vent. Voici quelques conseils pour ranger efficacement les objets légers :

Identifiez les objets à ranger : Repérez les objets légers susceptibles d'être emportés par le vent, tels que les décorations de jardin, les pots de fleurs, les chaises pliantes, les parasols, les outils de jardinage, etc.

Stockez-les à l'intérieur : La meilleure façon de sécuriser les objets légers est de les stocker à l'intérieur de votre maison, de votre garage ou de tout autre espace clos. Choisissez un endroit sûr où les objets ne risquent pas de tomber ou de se renverser.

Fixez-les solidement : Si vous ne pouvez pas stocker certains objets à l'intérieur, attachez-les solidement à des structures fixes telles que des poteaux, des clôtures ou des murs à l'aide de cordes, de sangles ou de câbles résistants. Assurez-vous que les attaches sont bien serrées pour éviter que les objets ne se détachent.

Éloignez-les des fenêtres et des portes : Évitez de stocker des objets légers près des fenêtres, des portes ou des ouvertures extérieures de votre maison. En cas de bris de vitres ou d'ouverture soudaine des portes, ces objets pourraient être projetés à l'intérieur et causer des dommages ou des blessures.

Rangez-les dans un endroit sûr : Si vous ne pouvez pas stocker les objets légers à l'intérieur, rangez-les dans un endroit sûr à l'abri du vent, comme un abri de jardin solide, une remise ou un hangar bien ancré au sol.

Sécurisez les objets en hauteur : Assurez-vous de sécuriser également les objets légers situés en hauteur, tels que les suspensions de plantes ou les décorations suspendues, pour éviter qu'ils ne se balancent ou ne se détachent pendant la tempête.

Vérifiez les structures

Avant un cyclone ou une tempête, il est essentiel de vérifier attentivement toutes les structures extérieures de votre propriété pour détecter tout signe de dommage ou de faiblesse. Voici comment procéder pour vérifier les structures :

Clôtures : Inspectez les clôtures pour détecter tout signe de dommages, tels que des poteaux inclinés, des lattes desserrées ou des parties endommagées. Assurez-vous que les clôtures sont solidement ancrées au sol et réparez toute section endommagée ou affaiblie.

Abris de jardin ou remises : Vérifiez l'état des abris de jardin ou des remises pour détecter les signes de dommages, tels que des fissures, des déformations ou des parties desserrées. Assurez-vous que les abris sont correctement ancrés au sol et réparez les dommages au besoin.

Tonnelles ou auvents : Examinez les tonnelles, les auvents ou toute autre structure légère pour détecter tout signe de dommages ou de faiblesses. Assurez-vous que les structures sont correctement fixées au sol et renforcez-les si nécessaire pour les protéger contre les vents forts.

Abris pour véhicules : Si vous avez un abri pour véhicules, vérifiez sa solidité et son intégrité structurelle. Assurez-vous que les ancrages sont solides et que la structure est capable de résister aux vents forts et aux impacts éventuels de débris volants.

Jardinières ou bacs à fleurs suspendus : Si vous avez des jardinières ou des bacs à fleurs suspendus, assurez-vous qu'ils sont correctement fixés et sécurisés. Éliminez tout objet lourd ou fragile qui pourrait devenir un projectile en cas de vent fort.

Mobilier de jardin : Inspectez le mobilier de jardin, comme les chaises, les tables et les parasols, pour détecter tout signe de dommages ou de faiblesses. Rentrez ou attachez solidement le mobilier pour éviter qu'il ne soit emporté par le vent.

Éclairage extérieur : Vérifiez l'état des luminaires extérieurs, des lampes solaires et des guirlandes lumineuses pour vous assurer qu'ils sont sécurisés et en bon état de fonctionnement. Éteignez ou débranchez les luminaires pour éviter tout court-circuit pendant la tempête.

Éloignez les objets volants

Pour minimiser les risques pendant un cyclone ou une tempête, il est très important d'éloigner les objets susceptibles de devenir des projectiles volants sous l'effet du vent. Voici quelques conseils pour éloigner ces objets :

Rangez les objets à l'intérieur : La meilleure façon d'éloigner les objets volants est de les ranger à l'intérieur de votre maison, de votre garage ou de tout autre espace clos. Cela inclut les meubles de jardin, les outils de jardinage, les jouets pour enfants et tout autre objet susceptible d'être emporté par le vent.

Fixez solidement les objets lourds : Si vous ne pouvez pas ranger certains objets à l'intérieur, assurez-vous de les fixer solidement au sol ou à des structures fixes à l'aide de cordes, de sangles ou de câbles résistants. Cela inclut les bacs à fleurs, les statues de jardin, les barbecues, etc.

Éloignez les objets des fenêtres et des portes : Évitez de stocker des objets près des fenêtres, des portes ou des ouvertures extérieures de votre maison. En cas de bris de vitres ou d'ouverture soudaine des portes, ces objets pourraient être projetés à l'intérieur et causer des dommages ou des blessures.

Sécurisez les objets en hauteur : Assurez-vous de sécuriser également les objets situés en hauteur, comme les suspensions de plantes ou les décorations suspendues, pour éviter qu'ils ne se balancent ou ne se détachent pendant la tempête.

Retirez les objets fragiles : Enlevez tout objet fragile ou léger qui pourrait être facilement emporté par le vent, comme les bouteilles en verre, les cadres photo ou les décorations fragiles. Rangez-les à l'intérieur pour les protéger contre les dommages.

Inspectez votre jardin : Parcourez votre jardin pour repérer les objets qui pourraient devenir des projectiles volants pendant la tempête. Prenez des mesures pour les sécuriser ou les éloigner à l'avance.

Sécurité Personnelle pendant le Cyclone

Suivre les recommandations des autorités locales

Pendant un cyclone, il est important de suivre les recommandations des autorités locales pour assurer votre sécurité personnelle et celle de votre famille. Voici quelques mesures à prendre :

Restez informé : Écoutez les bulletins météorologiques et suivez les mises à jour émises par les autorités locales via la radio, la télévision, les applications météorologiques ou les réseaux sociaux.

Suivez les consignes d'évacuation : Si les autorités recommandent l'évacuation de votre zone, suivez leurs instructions sans délai. Évacuez vers un abri d'urgence désigné ou un lieu sûr selon les indications données.

Restez à l'intérieur : Si vous n'êtes pas évacué, restez à l'intérieur de votre maison et éloignez-vous des fenêtres et des portes. Préparez une pièce sûre à l'avance, de préférence une pièce au centre de la maison ou un sous-sol, et restez-y pendant la tempête.

Éloignez-vous des objets volants : Évitez de vous trouver à proximité d'objets extérieurs susceptibles d'être emportés par le vent, tels que les arbres, les lampadaires, les poteaux électriques ou les panneaux publicitaires.

Ne sortez pas : Évitez de sortir pendant la tempête, sauf en cas d'urgence absolue. Les débris volants et les conditions météorologiques dangereuses peuvent mettre votre vie en danger.

Prévoyez des sources d'éclairage d'urgence : Assurez-vous d'avoir des lampes de poche, des bougies et des piles de rechange à portée de main en cas de panne de courant. Évitez d'utiliser des bougies à proximité d'objets inflammables.

Gardez un kit d'urgence à portée de main : Ayez un kit d'urgence contenant de la nourriture, de l'eau, des médicaments, des vêtements chauds, des documents importants et d'autres fournitures essentielles à portée de main.

Restez en contact : Gardez votre téléphone portable chargé et restez en contact avec vos proches pour les tenir informés de votre situation et recevoir des mises à jour sur leur sécurité.

En suivant ces recommandations et en restant attentif aux consignes des autorités locales, vous pouvez maximiser votre sécurité pendant un cyclone et minimiser les risques pour vous-même et votre famille.

Restez informé

Pendant un cyclone, rester informé est essentiel pour prendre les bonnes décisions et assurer votre sécurité. Voici comment rester informé :

Écoutez les bulletins météorologiques : Restez à l'écoute des bulletins météorologiques diffusés à la radio ou à la télévision. Les stations météorologiques locales diffusent des mises à jour régulières sur la trajectoire et l'intensité du cyclone.

Suivez les autorités locales : Les autorités locales émettent des alertes et des recommandations spécifiques pour votre région. Suivez leurs comptes officiels sur les réseaux sociaux, consultez leurs sites web et écoutez leurs annonces pour obtenir les dernières informations.

Utilisez des applications météorologiques : Téléchargez des applications météorologiques fiables sur votre téléphone portable pour recevoir des alertes en temps réel et suivre l'évolution du cyclone. Assurez-vous d'activer les notifications push pour être informé rapidement.

Inscrivez-vous aux alertes d'urgence : Inscrivez-vous aux systèmes d'alerte d'urgence de votre région, tels que les alertes SMS ou les alertes d'urgence sur les téléphones mobiles, pour recevoir des notifications importantes directement sur votre téléphone.

Consultez les sites web gouvernementaux : Les sites web des agences gouvernementales, tels que les services météorologiques nationaux ou les agences de gestion des urgences, fournissent des informations précieuses sur les prévisions météorologiques, les alertes et les conseils de sécurité.

Restez en contact avec vos proches : Communiquez régulièrement avec vos proches pour vous tenir mutuellement informés de votre situation et échanger des informations sur la sécurité. Partagez les mises à jour importantes et assurez-vous que chacun sait quoi faire en cas d'urgence.

Suivez les consignes d'évacuation

Pour assurer votre sécurité pendant un cyclone, il est essentiel de suivre attentivement les consignes d'évacuation émises par les autorités locales. Voici ce que vous devez faire :

Écoutez les instructions : Restez à l'écoute des bulletins d'information et des alertes émises par les autorités locales via la radio, la télévision ou d'autres moyens de communication officiels.

Soyez prêt à partir : Préparez-vous à évacuer rapidement en rassemblant vos fournitures d'urgence, vos documents importants et tout ce dont vous avez besoin pour vous et votre famille.

Suivez l'itinéraire recommandé : Si des itinéraires d'évacuation sont indiqués, suivez-les scrupuleusement pour éviter les embouteillages et les routes bloquées. Les autorités peuvent recommander des itinéraires spécifiques pour évacuer en toute sécurité les zones menacées.

Ne tardez pas à partir : Ne tardez pas à évacuer lorsque les autorités émettent une recommandation ou un ordre d'évacuation. Plus vous attendez, plus il peut être dangereux de quitter la zone à risque.

Prévenez les proches : Informez vos proches et vos voisins de votre intention d'évacuer et de votre destination prévue. Assurez-vous qu'ils sont au courant de votre situation et de votre emplacement.

Suivez les instructions des secouristes : Si vous rencontrez des secouristes ou des forces de l'ordre en chemin, suivez leurs instructions et coopérez pleinement avec eux. Ils sont là pour vous aider à évacuer en toute sécurité.

N'oubliez pas les animaux de compagnie : Assurez-vous d'inclure vos animaux de compagnie dans vos plans d'évacuation. Prévoyez de les emmener avec vous ou de les placer dans un refuge pour animaux si nécessaire.

Évitez les zones inondées : Si vous devez évacuer à pied, évitez les zones inondées ou les cours d'eau en crue. Suivez les itinéraires sûrs recommandés par les autorités et restez à l'écart des dangers potentiels.

Restez à l'intérieur

Lorsqu'un cyclone approche, il est crucial de rester à l'intérieur de votre maison pour assurer votre sécurité. Voici quelques raisons pour lesquelles il est important de rester à l'intérieur pendant un cyclone :

Protection contre les débris volants : Les vents violents d'un cyclone peuvent projeter des débris à grande vitesse, ce qui présente un danger pour votre sécurité si vous êtes à l'extérieur. Rester à l'intérieur vous protège contre ces débris volants et réduit le risque de blessures.

Éviter les chutes d'objets : Pendant un cyclone, des objets tels que des branches d'arbres, des panneaux publicitaires ou des poubelles peuvent être arrachés et tomber au sol. En restant à l'intérieur, vous évitez le risque d'être blessé par ces objets en chute.

Réduction du risque d'électrocution : Les lignes électriques peuvent être endommagées pendant un cyclone, ce qui augmente le risque d'électrocution. Rester à l'intérieur vous protège contre ce danger potentiel.

Sécurité contre les inondations : En restant à l'intérieur, vous évitez le risque d'être piégé par les inondations soudaines qui peuvent survenir pendant un cyclone. Trouvez un endroit sûr à l'intérieur de votre maison, loin des zones susceptibles d'être inondées.

Prévention des blessures : En restant à l'intérieur pendant un cyclone, vous réduisez considérablement le risque de blessures graves. Les murs et les fondations de votre maison offrent une protection supplémentaire contre les vents forts et les conditions météorologiques extrêmes.

Ne sortez pas

Pendant un cyclone, il est important de ne pas sortir à l'extérieur, sauf en cas d'urgence absolue. Voici pourquoi il est important de rester à l'intérieur pendant la tempête :

Danger des débris volants : Les vents violents d'un cyclone peuvent projeter des débris à grande vitesse, comme des branches d'arbres, des morceaux de bâtiments ou des objets divers. Sortir pendant la tempête expose à un risque élevé de blessures graves causées par ces débris volants.

Risque de chutes d'objets : Pendant un cyclone, des objets lourds ou fragiles peuvent être arrachés et tomber au sol, tels que des poteaux électriques, des panneaux publicitaires ou des morceaux de toiture. Sortir expose à un risque de blessures causées par ces objets en chute.

Électrocution : Les lignes électriques peuvent être endommagées pendant un cyclone, ce qui peut entraîner des risques d'électrocution. Sortir à l'extérieur peut augmenter le risque d'entrer en contact avec des câbles électriques défectueux ou tombés au sol.

Inondations soudaines : Les tempêtes peuvent provoquer des inondations soudaines, surtout dans les zones côtières ou près des cours d'eau. Sortir expose à un risque d'être piégé par les eaux de crue ou emporté par les courants.

Navigation dangereuse : Les vents forts et les pluies torrentielles rendent la navigation extérieure extrêmement dangereuse, que ce soit à pied ou en voiture. Les routes peuvent être inondées, obstruées par des débris ou même effondrées, ce qui rend les déplacements dangereux.

Prévoyez des sources d'éclairage d'urgence

Prévoir des sources d'éclairage d'urgence est essentiel pour rester en sécurité pendant un cyclone, surtout en cas de panne de courant. Voici quelques options que vous pouvez envisager :

Lampes de poche : Ayez plusieurs lampes de poche à piles ou à manivelle à portée de main. Assurez-vous que les piles sont fraîches et que les lampes de poche fonctionnent correctement. Placez-les dans des endroits stratégiques de votre maison pour un accès facile en cas de besoin.

Bougies : Stockez des bougies et des allumettes ou des briquets dans votre trousse d'urgence. Utilisez des bougeoirs stables et placez-les loin de tout matériau inflammable. Ne laissez jamais des bougies allumées sans surveillance.

Lampes à piles : Les lampes à piles sont une alternative sûre aux bougies, car elles ne présentent pas de risque d'incendie. Assurez-vous d'avoir suffisamment de piles de rechange pour alimenter vos lampes à piles pendant plusieurs jours.

Lampes de camping : Si vous en avez, les lampes de camping peuvent également être utilisées comme source d'éclairage d'urgence. Assurez-vous qu'elles sont chargées et prêtes à l'emploi.

Lampes de secours à énergie solaire : Les lampes de secours à énergie solaire sont une option écologique et durable. Chargez-les à l'avance en les exposant à la lumière du soleil et gardez-les à portée de main en cas de besoin.

Lampes de jardin solaires : Si vous avez des lampes de jardin solaires dans votre jardin, vous pouvez les apporter à l'intérieur pendant la tempête pour les utiliser comme source d'éclairage d'urgence.

Générateur portable : Si vous possédez un générateur portable, assurez-vous qu'il est correctement entretenu et stockez suffisamment de carburant pour plusieurs jours d'utilisation. Utilisez-le uniquement à l'extérieur de la maison pour éviter les risques d'intoxication au monoxyde de carbone.

Se tenir informé de l'évolution de la situation météorologique

Pour vous tenir informé de l'évolution de la situation météorologique pendant un cyclone, voici quelques mesures à prendre :

Écoutez les bulletins météorologiques

Écouter les bulletins météorologiques est une étape essentielle pour rester informé de l'évolution de la situation pendant un cyclone. Voici quelques conseils pour écouter efficacement les bulletins météorologiques :

Choisissez une source fiable : Écoutez les bulletins météorologiques diffusés par des stations de radio ou de télévision réputées, ainsi que par les services météorologiques nationaux ou locaux. Assurez-vous de suivre les recommandations des autorités météorologiques officielles.

Vérifiez la fréquence : Consultez le programme de diffusion pour connaître les heures de diffusion des bulletins météorologiques. En cas de cyclone imminent, les stations de radio et de télévision peuvent diffuser des bulletins spéciaux plus fréquemment.

Prêtez attention aux détails : Écoutez attentivement les informations fournies dans les bulletins météorologiques, notamment la trajectoire prévue du cyclone, son intensité, les vents, les précipitations et les éventuelles alertes ou avertissements émis pour votre région.

Notez les conseils de sécurité : Les bulletins météorologiques incluent souvent des conseils de sécurité et des recommandations pour se préparer au cyclone. Prenez note de ces informations et suivez les instructions des autorités locales pour assurer votre sécurité et celle de votre famille.

Restez à l'écoute : Même après avoir écouté un bulletin météorologique, restez à l'écoute des mises à jour ultérieures, car la situation météorologique peut évoluer rapidement. Gardez votre radio ou votre télévision allumée et prête à recevoir de nouvelles informations.

Suivez les sites web et les applications météorologiques

Suivre les sites web et les applications météorologiques est une excellente façon de rester informé de l'évolution de la situation pendant un cyclone. Voici quelques conseils pour utiliser efficacement ces ressources :

Choisissez des sources fiables : Optez pour des sites web et des applications météorologiques de confiance, tels que les services météorologiques nationaux ou locaux, les agences gouvernementales et les organismes météorologiques réputés. Assurez-vous que les informations fournies sont précises et à jour.

Téléchargez des applications météorologiques : Installez des applications météorologiques sur votre smartphone ou votre tablette pour recevoir des mises à jour en temps réel sur votre appareil. Recherchez des applications qui offrent des fonctionnalités telles que des alertes d'urgence, des cartes radar et des prévisions précises.

Consultez les prévisions régulièrement : Consultez régulièrement les prévisions météorologiques sur les sites web et les applications pour vous tenir informé de l'évolution de la situation. Vérifiez les prévisions à intervalles réguliers, surtout lorsque des changements significatifs sont attendus.

Soyez attentif aux alertes et aux avertissements : Surveillez les alertes et les avertissements émis par les services météorologiques concernant les conditions météorologiques dangereuses, telles que les vents violents, les fortes pluies, les inondations et les tempêtes. Prenez ces avertissements au sérieux et suivez les conseils des autorités.

Utilisez les fonctionnalités interactives : Explorez les fonctionnalités interactives offertes par les sites web et les applications météorologiques, telles que les cartes radar, les images satellite et les prévisions à long terme. Ces outils peuvent vous aider à mieux comprendre la situation météorologique et à prendre des décisions éclairées.

Surveillez les réseaux sociaux

Surveiller les réseaux sociaux est un moyen efficace de rester informé de l'évolution de la situation pendant un cyclone. Voici quelques conseils pour utiliser les réseaux sociaux de manière efficace pendant un événement météorologique :

Suivez les comptes officiels : Recherchez et suivez les comptes officiels des services météorologiques nationaux ou locaux, des agences gouvernementales et des autorités locales sur les réseaux sociaux. Ces comptes partagent des mises à jour en temps réel sur la situation météorologique et fournissent des conseils de sécurité.

Activez les notifications : Activez les notifications pour les comptes que vous suivez afin de recevoir des alertes instantanées sur votre téléphone lorsque de nouvelles informations sont publiées. De cette façon, vous serez informé dès qu'une mise à jour importante est disponible.

Recherchez les hashtags pertinents : Utilisez des hashtags pertinents tels que #cyclone, #tempête, #alertemétéo, ou des hashtags spécifiques à votre région pour trouver des publications liées à la situation météorologique. Suivez ces hashtags pour voir les dernières actualités et les messages des utilisateurs concernant le cyclone.

Consultez les groupes de discussion : Rejoignez des groupes de discussion ou des forums en ligne dédiés à la météo ou à la sécurité civile où les utilisateurs partagent des informations et des conseils sur la préparation aux cyclones. Ces groupes peuvent être une source précieuse d'informations et de soutien pendant un événement météorologique.

Partagez des informations utiles : Si vous avez des informations pertinentes sur la situation météorologique ou des conseils de sécurité, n'hésitez pas à les partager avec vos amis, votre famille et vos abonnés sur les réseaux sociaux. Cela peut aider à sensibiliser les autres et à diffuser des informations importantes.

Évacuer si nécessaire et suivre les itinéraires recommandés

Évacuer si nécessaire est une mesure essentielle pour assurer votre sécurité pendant un cyclone. Voici quelques conseils pour évacuer en toute sécurité et suivre les itinéraires recommandés :

Écoutez les instructions des autorités : Suivez les instructions des autorités locales concernant l'évacuation obligatoire ou recommandée. Si des ordres d'évacuation sont émis, prenez-les au sérieux et agissez rapidement pour quitter la zone à risque.

Préparez-vous à l'avance : Avant de partir, préparez un sac d'évacuation contenant des fournitures essentielles telles que de la nourriture, de l'eau, des vêtements, des médicaments, des documents importants et une trousse de premiers secours. Assurez-vous également d'avoir suffisamment de carburant dans votre véhicule.

Planifiez votre itinéraire : Avant de partir, consultez les itinéraires recommandés par les autorités locales pour évacuer la zone à risque. Évitez les routes inondées, les zones sujettes aux glissements de terrain et les zones à haut risque.

Suivez les panneaux de signalisation : Pendant votre évacuation, suivez les panneaux de signalisation routière indiquant les itinéraires d'évacuation recommandés. Évitez les routes fermées ou barrées et suivez les directives des autorités de la circulation.

Restez informé : Écoutez la radio ou consultez les applications météorologiques pour obtenir des mises à jour sur la situation et les conditions de circulation pendant votre évacuation. Suivez les instructions des autorités locales et soyez prêt à modifier votre itinéraire si nécessaire.

Soyez prudent sur la route : Conduisez prudemment et respectez les règles de sécurité routière pendant votre évacuation. Évitez les dépassements dangereux, les excès de vitesse et les distractions au volant. Gardez une distance sécuritaire entre votre véhicule et celui devant vous.

Prévoyez des alternatives : Envisagez des itinéraires alternatifs au cas où votre itinéraire principal serait bloqué ou impraticable. Ayez un plan de secours en place et restez flexible en cas de changements inattendus sur la route.

En suivant ces conseils, vous pouvez évacuer en toute sécurité en cas de cyclone et atteindre un lieu sûr loin de la zone à risque. Assurez-vous de rester informé et de suivre les instructions des autorités locales tout au long du processus d'évacuation.

Protéger les fenêtres avec des matériaux appropriés

Protéger les fenêtres avec des matériaux appropriés est très important pour réduire les dommages causés par les vents violents pendant un cyclone. Voici quelques options pour protéger vos fenêtres :

Volets en bois ou en métal

Les volets en bois ou en métal sont des options traditionnelles et efficaces pour protéger les fenêtres pendant un cyclone. Voici quelques points à considérer pour chaque type de volet :

Volets en bois

Avantages

Isolation thermique : Les volets en bois peuvent offrir une certaine isolation thermique lorsqu'ils sont fermés.

Personnalisable : Les volets en bois peuvent être peints ou teints pour correspondre au style de votre maison.

Inconvénients

Entretien : Les volets en bois peuvent nécessiter un entretien régulier, comme le ponçage et le vernissage, pour maintenir leur apparence et leur fonctionnalité.

Coût : Les volets en bois peuvent être plus coûteux que d'autres options de protection.

Volets en métal

Avantages

Durabilité : Les volets en métal sont souvent plus durables et résistants que les volets en bois.

Facilité d'entretien : Les volets en métal sont généralement faciles à entretenir et nécessitent peu d'entretien.

Protection supplémentaire : Les volets en métal offrent une protection robuste contre les vents violents et les débris.

Inconvénient

Sensibilité à la corrosion : Les volets en métal peuvent être sensibles à la corrosion s'ils ne sont pas correctement entretenus, en particulier dans les environnements côtiers.

Panneaux de contreplaqué

Les panneaux de contreplaqué sont une option populaire et abordable pour protéger les fenêtres pendant un cyclone. Voici quelques points à considérer lors de l'utilisation de panneaux de contreplaqué pour la protection des fenêtres :

Avantages

Protection contre les débris : Les panneaux de contreplaqué offrent une barrière solide contre les débris volants tels que les branches d'arbres, les tuiles de toit et autres objets projetés par les vents violents.

Coût abordable : Le contreplaqué est généralement moins cher que d'autres matériaux de protection des fenêtres, ce qui en fait une option économique pour les propriétaires.

Disponibilité : Le contreplaqué est largement disponible dans les quincailleries et les magasins de matériaux de construction, ce qui le rend facile à trouver en cas d'urgence.

Facilité d'installation : Les panneaux de contreplaqué peuvent être facilement découpés à la taille des fenêtres et fixés en place à l'aide de vis ou de clous, ce qui les rend relativement faciles à installer même pour les personnes sans expérience en bricolage.

Inconvénients

Poids : Le contreplaqué est relativement lourd, ce qui peut rendre son installation et son retrait difficiles, surtout pour les fenêtres situées en hauteur.

Durabilité limitée : Le contreplaqué peut se détériorer au fil du temps en raison de l'exposition aux intempéries, ce qui peut nécessiter un remplacement fréquent si les panneaux ne sont pas correctement entretenus.

Stockage : Le stockage des panneaux de contreplaqué entre les tempêtes peut poser un défi en raison de leur taille et de leur poids. Il est important de disposer d'un espace de stockage adéquat pour les panneaux lorsqu'ils ne sont pas utilisés.

Malgré ses inconvénients, le contreplaqué reste une option pratique et efficace pour protéger les fenêtres pendant un cyclone, surtout pour ceux qui ont un budget limité ou qui cherchent une solution temporaire. Assurez-vous de choisir un contreplaqué de qualité et de l'installer correctement pour assurer une protection maximale lors de tempêtes.

Filets de protection

Les filets de protection sont une option moderne et efficace pour protéger les fenêtres pendant un cyclone. Voici quelques points à considérer lors de l'utilisation de filets de protection pour la sécurité des fenêtres :

Avantages

Protection contre les débris : Les filets de protection sont conçus pour arrêter les débris volants, tels que les branches, les tuiles de toit et autres objets projetés par les vents violents, tout en permettant à l'air de circuler à travers eux.

Visibilité : Les filets de protection sont transparents, ce qui permet de maintenir une certaine visibilité à travers les fenêtres pendant qu'ils sont installés. Cela peut être utile pour surveiller la progression de la tempête depuis l'intérieur de la maison.

Facilité d'installation : Les filets de protection sont généralement faciles à installer et à enlever. Ils peuvent être fixés aux cadres de fenêtre à l'aide de crochets, de clips ou de bandes Velcro, ce qui les rend adaptés à une installation temporaire avant l'arrivée d'un cyclone.

Réutilisabilité : Les filets de protection sont généralement durables et réutilisables, ce qui en fait un investissement à long terme pour la protection des fenêtres contre les tempêtes.

Inconvénients

Durabilité limitée : Les filets de protection peuvent se déchirer ou se détériorer au fil du temps en raison de l'exposition aux intempéries, en particulier s'ils sont exposés à des vents violents et à des débris lourds.

Coût : Les filets de protection peuvent être plus coûteux que d'autres options de protection des fenêtres, en particulier pour les grandes surfaces de fenêtres ou pour les maisons avec de nombreuses fenêtres à protéger.

Film de protection pour fenêtres

Le film de protection pour fenêtres est une option moderne et efficace pour renforcer la résistance des fenêtres aux dommages causés par les tempêtes, y compris les cyclones. Voici quelques points à considérer lors de l'utilisation de film de protection pour fenêtres :

Avantages

Renforcement de la résistance aux chocs : Le film de protection pour fenêtres est conçu pour renforcer le verre des fenêtres, ce qui les rend plus résistantes aux chocs et aux impacts causés par les débris volants pendant un cyclone.

Réduction des risques de bris de verre : En renforçant le verre des fenêtres, le film de protection aide à réduire les risques de bris de verre en cas d'impact, ce qui peut contribuer à protéger l'intérieur de la maison et ses occupants contre les dommages et les blessures.

Maintien de l'intégrité structurale : En maintenant l'intégrité structurale des fenêtres, le film de protection peut aider à prévenir les dommages causés par les infiltrations d'eau et les vents violents qui peuvent survenir pendant un cyclone.

Transparence : La plupart des films de protection pour fenêtres sont transparents, ce qui permet de maintenir la visibilité à travers les fenêtres tout en offrant une protection supplémentaire contre les tempêtes.

Facilité d'installation : Le film de protection pour fenêtres peut être facilement appliqué sur la surface des fenêtres à l'aide d'une méthode d'installation simple, ce qui le rend adapté à une utilisation sur la plupart des types de fenêtres.

Inconvénients

Coût : Le film de protection pour fenêtres peut être plus coûteux que d'autres options de protection des fenêtres, en particulier pour les grandes surfaces de fenêtres ou pour les maisons avec de nombreuses fenêtres à protéger.

Durabilité limitée : Bien que le film de protection pour fenêtres soit conçu pour être durable, il peut se dégrader avec le temps en raison de l'exposition aux intempéries et aux rayons UV, ce qui peut nécessiter un remplacement périodique pour maintenir son efficacité.

Barres de protection

Les barres de protection sont des dispositifs solides installés sur l'extérieur des fenêtres pour renforcer leur résistance aux tempêtes, y compris les cyclones. Voici quelques points à considérer concernant les barres de protection :

Avantages

Protection renforcée : Les barres de protection offrent une protection supplémentaire en renforçant la structure des fenêtres contre les vents violents, les débris volants et les tentatives d'intrusion.

Dissuasion des intrus : En plus de protéger contre les intempéries, les barres de protection peuvent dissuader les intrus potentiels en rendant plus difficile l'accès aux fenêtres de la maison.

Diversité des matériaux : Les barres de protection sont disponibles dans une variété de matériaux, y compris l'acier, l'aluminium et le fer forgé, offrant ainsi aux propriétaires une gamme d'options en fonction de leurs préférences et de leur budget.

Durable : Une fois installées, les barres de protection sont généralement durables et nécessitent peu d'entretien, offrant une protection à long terme contre les tempêtes et les intrusions.

Inconvénients

Blocage de la vue : Les barres de protection peuvent obstruer la vue à travers les fenêtres, ce qui peut être un inconvénient pour certains propriétaires soucieux de la luminosité de leur maison.

Conformité réglementaire : Dans certaines régions, l'installation de barres de protection peut être soumise à des réglementations locales ou à des codes du bâtiment, ce qui peut nécessiter une approbation préalable ou des ajustements pour se conformer aux normes en vigueur.

Après le Passage du Cyclone

Faire un état des lieux sécuritaire de votre propriété

Après le passage d'un cyclone, il est essentiel de faire un état des lieux sécuritaire de votre propriété pour évaluer les dommages potentiels et prendre les mesures nécessaires pour assurer la sécurité. Voici quelques étapes à suivre lors de l'inspection de votre propriété :

Soyez prudent

Lorsque nous mentionnons "Soyez prudent", nous faisons référence à la nécessité d'être attentif et vigilant aux dangers potentiels qui pourraient exister après le passage d'un cyclone. Cela inclut :

Éviter les zones dangereuses : Ne vous approchez pas des lignes électriques tombées, des arbres instables ou des structures endommagées, car ils peuvent présenter des risques pour votre sécurité.

Porter des équipements de protection : Si vous devez manipuler des débris ou inspecter des zones potentiellement dangereuses, assurez-vous de porter des équipements de protection appropriés, tels que des gants, des bottes robustes et un casque.

Surveiller les signes de danger : Soyez attentif aux signes de danger, tels que des bruits de craquement provenant des structures endommagées, des odeurs de gaz ou des signes d'effondrement imminents.

Écouter les autorités locales : Suivez les conseils et les recommandations des autorités locales concernant la sécurité et les précautions à prendre après le passage d'un cyclone. Ils peuvent fournir des informations importantes sur les zones à éviter ou les mesures de sécurité à prendre.

Examinez l'extérieur

Il est important de parcourir les extérieurs de votre propriété pour repérer les dommages potentiels causés par le cyclone. Voici quelques points à considérer lors de cette inspection :

Recherche de débris : Cherchez des débris tels que des branches d'arbres, des morceaux de toiture ou d'autres objets qui pourraient s'être détachés pendant la tempête. Assurez-vous de les éloigner des zones de circulation pour éviter tout danger potentiel.

Vérification des dommages structurels : Examinez les murs extérieurs, les fondations, les balcons et les terrasses à la recherche de fissures, de déformations ou d'autres signes de dommages structurels. Cela peut indiquer des problèmes qui nécessitent une attention immédiate.

Inspection des fenêtres et des portes : Vérifiez l'état des fenêtres et des portes pour détecter d'éventuels bris, fissures ou déformations. Assurez-vous qu'elles ferment correctement et qu'elles sont sécurisées.

Contrôle du toit : Regardez le toit de votre maison pour repérer les tuiles manquantes, les déchirures de la membrane ou d'autres dommages. Ces problèmes peuvent entraîner des fuites d'eau et des dommages supplémentaires à l'intérieur de la maison.

Évaluation des structures extérieures : Si vous avez des structures extérieures telles que des abris, des pergolas ou des garages, vérifiez-les pour détecter d'éventuels dommages. Assurez-vous qu'ils sont sécurisés et qu'ils ne présentent aucun risque pour la sécurité.

Inspectez les fenêtres et les portes

Après le passage d'un cyclone, il est important de vérifier l'état de ces éléments structurels . Voici ce que vous devez faire :

Recherche de dommages visibles : Examinez attentivement toutes les fenêtres et portes pour détecter d'éventuels bris, fissures, ou déformations. Assurez-vous de regarder à la fois à l'intérieur et à l'extérieur de la maison.

Vérification de l'étanchéité : Assurez-vous que toutes les fenêtres et portes ferment correctement et hermétiquement. Vérifiez les joints d'étanchéité pour vous assurer qu'ils ne sont pas endommagés, ce qui pourrait permettre à l'eau de s'infiltrer pendant les tempêtes.

Contrôle des mécanismes de verrouillage : Testez les mécanismes de verrouillage de toutes les fenêtres et portes pour vous assurer qu'ils fonctionnent correctement. Assurez-vous que les serrures sont sécurisées et qu'elles offrent une protection adéquate contre les intrusions.

Réparation temporaire : Si vous repérez des dommages mineurs qui nécessitent une réparation temporaire, comme un vitrage brisé, envisagez d'utiliser du ruban adhésif ou du contreplaqué pour sécuriser la zone en attendant des réparations permanentes.

Contrôlez le toit

Il est essentiel d'inspecter attentivement votre toit après le passage d'un cyclone pour détecter d'éventuels dommages. Voici ce que vous devez faire :

Examinez visuellement le toit : Faites le tour de votre maison et examinez visuellement le toit à partir du sol pour repérer les signes évidents de dommages, tels que des tuiles manquantes, des déformations ou des zones endommagées.

Utilisez des jumelles si nécessaire : Si vous ne pouvez pas voir clairement le toit depuis le sol, utilisez des jumelles pour inspecter les zones difficiles d'accès. Assurez-vous de regarder attentivement les bords du toit, les cheminées et les lucarnes.

Vérifiez les débris : Recherchez des débris tels que des branches d'arbres, des feuilles ou d'autres objets qui pourraient être piégés sur le toit. Ces débris peuvent obstruer les gouttières ou endommager la surface du toit s'ils ne sont pas retirés.

Inspectez les gouttières et les descentes pluviales : Vérifiez l'état des gouttières et des descentes pluviales pour vous assurer qu'ils sont en bon état et qu'ils ne sont pas obstrués. Les gouttières obstruées peuvent causer des dégâts d'eau importants pendant les tempêtes.

Recherchez les signes de fuites : Si vous avez accès à l'intérieur de votre grenier, vérifiez s'il y a des signes de fuites d'eau ou d'humidité. Les taches d'eau ou les traces de moisissure peuvent indiquer des dommages au toit qui nécessitent une attention immédiate.

Vérifiez les installations extérieures

Il est important d'inspecter toutes les structures et équipements extérieurs de votre propriété après le passage d'un cyclone. Voici ce que vous devez faire :

Abri de jardin ou remise : Examinez l'état de votre abri de jardin ou remise pour détecter d'éventuels dommages, tels que des déformations, des fissures ou des débris coincés à l'intérieur. Assurez-vous que la structure est sécurisée et qu'elle ne présente aucun danger pour la sécurité.

Pergola ou auvent : Vérifiez l'état de votre pergola ou auvent pour détecter d'éventuelles déformations ou dommages aux poteaux ou aux poutres. Assurez-vous que la structure est stable et sécurisée.

Clôtures : Inspectez vos clôtures pour détecter d'éventuels dommages, tels que des sections renversées, des poteaux endommagés ou des panneaux cassés. Réparez ou remplacez les sections endommagées pour maintenir l'intégrité de la clôture.

Piscine : Si vous avez une piscine, vérifiez l'état de la clôture de sécurité, des équipements de filtration et de traitement de l'eau, ainsi que de la structure de la piscine elle-même. Assurez-vous que tout est en bon état de fonctionnement et sécurisé.

Équipement de jardinage : Examinez vos outils et équipements de jardinage pour détecter d'éventuels dommages ou débris. Assurez-vous que tout est correctement rangé et sécurisé pour éviter les accidents.

Mobilier d'extérieur : Vérifiez l'état de votre mobilier d'extérieur, comme les tables, les chaises et les parasols, pour détecter d'éventuels dommages ou déplacements. Rangez ou réparez tout ce qui est endommagé pour éviter tout danger potentiel.

Éclairage extérieur : Contrôlez vos luminaires extérieurs pour vous assurer qu'ils fonctionnent correctement et qu'ils ne présentent aucun dommage. Remplacez les ampoules brisées ou endommagées si nécessaire.

Évaluez les dégâts des eaux

Après le passage d'un cyclone, il est essentiel de vérifier l'impact de la tempête sur les zones touchées par l'eau à l'intérieur et à l'extérieur de votre maison. Voici ce que vous devez faire :

Inspectez les zones inondées : Commencez par inspecter les zones de votre propriété qui ont été inondées pendant le cyclone. Cela peut inclure des sous-sols, des caves, des garages ou d'autres zones sujettes aux inondations.

Recherchez les dommages visibles : Cherchez des signes évidents de dommages causés par l'eau, tels que des taches d'eau sur les murs, les plafonds ou les sols, des fissures dans les fondations ou des dégâts matériels comme des meubles endommagés.

Vérifiez les systèmes de drainage : Assurez-vous que les systèmes de drainage autour de votre maison, tels que les gouttières, les descentes pluviales et les canaux d'évacuation, fonctionnent correctement et ne sont pas obstrués par des débris.

Examinez les tuyaux et les conduites d'eau : Vérifiez les tuyaux et les conduites d'eau à la recherche de fuites, de déformations ou de ruptures. Assurez-vous que les vannes d'arrêt sont fermées si vous trouvez des problèmes pour éviter de nouveaux dégâts.

Évaluez l'état des appareils électriques : Si l'eau a pénétré dans votre maison, assurez-vous de vérifier l'état des appareils électriques et des équipements électroniques. Ne les utilisez pas s'ils ont été endommagés par l'eau pour éviter les risques d'électrocution ou d'incendie.

Séchez les zones touchées : Si vous trouvez des zones humides ou mouillées, utilisez des ventilateurs, des déshumidificateurs ou d'autres méthodes de séchage pour évacuer l'humidité et prévenir la formation de moisissures.

Documentez les dommages

il est essentiel de prendre des photos ou des vidéos des dommages causés à votre propriété après le passage d'un cyclone. Voici quelques conseils pour documenter les dommages de manière efficace :

Utilisez un appareil photo ou un smartphone : Utilisez un appareil photo numérique ou un smartphone pour prendre des photos des dommages. Assurez-vous que les images sont claires et bien éclairées pour capturer tous les détails.

Photographiez les dommages de près : Prenez des photos détaillées des zones endommagées, en vous assurant de capturer tous les angles et les perspectives. N'hésitez pas à zoomer sur les dommages pour montrer les détails.

Prenez des photos panoramiques : Prenez des photos panoramiques ou des vidéos pour montrer l'étendue des dommages à l'intérieur et à l'extérieur de votre maison. Cela peut aider à fournir une vue d'ensemble des dommages.

Identifiez les zones spécifiques : Lorsque vous prenez des photos, identifiez les zones spécifiques ou les objets endommagés dans chaque image. Cela aidera à clarifier ce qui est endommagé et où se trouvent les problèmes.

Incluez une échelle de référence : Pour donner une idée de l'échelle des dommages, incluez une échelle de référence dans vos photos, comme une règle ou un objet de taille connue.

Prenez des vidéos des dommages : En plus des photos, envisagez de prendre des vidéos des dommages pour capturer les mouvements ou les bruits associés aux dommages.

Documentez les pertes personnelles : Si vous avez des biens personnels endommagés, comme des meubles, des appareils électroménagers ou des objets de valeur, prenez des photos de ces articles pour inclure dans votre documentation.

Conservez une copie des images : Assurez-vous de conserver une copie de toutes les images ou vidéos documentant les dommages. Cela peut être utile pour les réclamations d'assurance et les évaluations des dommages.

Prenez des mesures temporaires

Il est important de prendre des actions immédiates pour minimiser les dommages à votre propriété en attendant des réparations permanentes. Voici quelques mesures temporaires que vous pouvez prendre après le passage d'un cyclone :

Bâcher les zones endommagées : Si votre toit a été endommagé et laisse entrer l'eau, utilisez des bâches imperméables pour couvrir les zones endommagées et empêcher l'eau de pénétrer à l'intérieur de votre maison.

Sceller les fenêtres brisées : Si vous avez des fenêtres brisées, utilisez du contreplaqué ou du plastique pour les sceller temporairement et empêcher les intempéries et les débris de pénétrer à l'intérieur de votre maison.

Évacuer l'eau stagnante : Si vous avez des zones inondées à l'intérieur ou autour de votre maison, utilisez des pompes ou des seaux pour évacuer l'eau stagnante et prévenir les dommages supplémentaires.

Éteindre l'électricité : Si vous soupçonnez des dommages électriques à votre maison, éteignez l'électricité à partir du disjoncteur principal pour éviter les risques d'incendie ou d'électrocution.

Sécher les zones humides : Utilisez des ventilateurs, des déshumidificateurs ou des serviettes absorbantes pour sécher les zones humides à l'intérieur de votre maison et prévenir la formation de moisissures.

Réparer les petits dommages : Si vous identifiez des dommages mineurs qui peuvent être réparés temporairement, comme des fuites d'eau ou des bris de vitres, prenez des mesures pour les réparer rapidement afin d'éviter d'autres dommages.

Protéger les biens personnels : Déplacez les biens personnels précieux ou sensibles aux intempéries vers des endroits sécurisés à l'intérieur de votre maison ou dans un abri sûr à l'extérieur.

Éviter les zones inondées et les débris dangereux

Éviter les zones inondées et les débris dangereux est très important pour assurer votre sécurité après le passage d'un cyclone. Voici quelques conseils pour éviter ces situations potentiellement dangereuses :

Ne traversez pas les cours d'eau en crue

Traverser des cours d'eau en crue peut être extrêmement dangereux. Voici pourquoi il est important de ne pas le faire :

Courants forts et imprévisibles : Les cours d'eau en crue peuvent avoir des courants sous-jacents très forts et imprévisibles, même si la surface semble calme. Ils peuvent vous emporter rapidement.

Profondeur trompeuse : L'eau des cours d'eau peut sembler peu profonde, mais en réalité, elle peut être beaucoup plus profonde que vous ne le pensez. Il est difficile d'estimer la profondeur de l'eau et vous pourriez vous retrouver submergé.

Obstacles cachés : Les cours d'eau en crue peuvent cacher des obstacles sous la surface, tels que des rochers, des troncs d'arbres ou des débris, ce qui rend la traversée encore plus dangereuse.

Risques d'accidents : Traverser un cours d'eau en crue augmente considérablement le risque d'accident, de noyade ou de blessure grave. Il est donc essentiel d'éviter cette situation à tout prix.

Évitez les débris flottants

Eviter les débris flottants est essentiel pour assurer votre sécurité après le passage d'un cyclone. Voici pourquoi il est important de les éviter :

Risque de blessures : Les débris flottants peuvent être très dangereux et causer des blessures graves en cas de contact. Il peut s'agir de branches d'arbres, de morceaux de bois, de débris de construction, de meubles ou même de véhicules emportés par les eaux de crue.

Risque de contamination : Les débris flottants peuvent être contaminés par des substances nocives telles que des produits chimiques, des produits pétroliers ou des eaux usées. Le contact avec ces débris peut entraîner des infections ou des maladies.

Risque de piégeage : Les débris flottants peuvent créer des pièges ou des obstacles qui rendent difficile la navigation ou l'évacuation. Ils peuvent vous piéger contre des structures, des arbres ou d'autres débris, augmentant ainsi le risque de noyade ou de blessure.

Risque de collision : Les débris flottants peuvent être déplacés rapidement par les courants d'eau, ce qui rend difficile de les éviter, surtout si vous êtes dans l'eau. Une collision avec un débris flottant peut causer des blessures graves.

Restez à l'écart des lignes électriques

Il est très important de rester à l'écart des lignes électriques endommagées après un cyclone. Voici pourquoi :

Risque d'électrocution : Les lignes électriques endommagées peuvent être dangereuses et présenter un risque d'électrocution si vous les touchez accidentellement. Même si une ligne semble inerte, elle peut toujours être sous tension.

Risque de choc électrique : Même si vous ne touchez pas directement une ligne électrique endommagée, vous pourriez être exposé à un choc électrique en touchant des objets métalliques ou de l'eau à proximité.

Risque d'incendie : Les lignes électriques endommagées peuvent provoquer des étincelles ou des arcs électriques, ce qui peut déclencher des incendies, surtout si des matériaux inflammables sont présents à proximité.

Risque de blessures par chute : Les lignes électriques endommagées peuvent pendre bas ou être partiellement tombées, ce qui présente un risque de blessures si elles sont touchées ou si des objets s'y accrochent.

Pour éviter les risques associés aux lignes électriques endommagées, suivez ces conseils :

Maintenez une distance de sécurité : Restez à au moins 10 mètres des lignes électriques endommagées et encouragez les autres à faire de même.

Signalez les dangers : Si vous repérez des lignes électriques tombées ou endommagées, signalez-les immédiatement aux autorités locales ou aux services d'urgence.

Ne touchez à rien : N'essayez pas de déplacer ou de toucher les lignes électriques endommagées, même si elles semblent inactives.

Évitez les objets conducteurs : Éloignez-vous des objets métalliques, de l'eau ou d'autres matériaux conducteurs qui pourraient être en contact avec les lignes électriques endommagées.

Évitez les zones touchées par des glissements de terrain

Éviter les zones touchées par des glissements de terrain est essentiel pour assurer votre sécurité après un cyclone. Voici pourquoi il est important d'éviter ces zones :

Instabilité du sol : Les pluies abondantes causées par un cyclone peuvent saturer le sol et rendre les pentes instables. Les zones touchées par des glissements de terrain peuvent subir des mouvements de terrain soudains et dangereux.

Risque de mouvements rapides : Les glissements de terrain peuvent se produire rapidement et sans avertissement, ce qui peut mettre en danger les personnes et les biens se trouvant dans leur chemin.

Risques d'ensevelissement : Les personnes prises dans un glissement de terrain peuvent être ensevelies sous la terre, les rochers et les débris, ce qui peut entraîner des blessures graves ou la mort.

Risque de dommages aux propriétés : Les glissements de terrain peuvent endommager ou détruire des maisons, des routes, des infrastructures et d'autres biens situés sur leur chemin, ce qui peut entraîner des pertes matérielles importantes.

Pour éviter les zones touchées par des glissements de terrain, suivez ces conseils :

Renseignez-vous sur les zones à risque : Informez-vous auprès des autorités locales sur les zones susceptibles de connaître des glissements de terrain dans votre région.

Restez à l'écart des pentes raides : Évitez de vous aventurer ou de construire des structures sur des pentes raides ou des zones présentant des signes d'instabilité du sol.

Écoutez les alertes météorologiques : Soyez attentif aux avertissements météorologiques concernant les fortes pluies, les glissements de terrain et les conditions dangereuses.

Évacuez si nécessaire : Si les autorités locales recommandent l'évacuation des zones à risque de glissement de terrain, suivez leurs instructions et évacuez la zone en toute sécurité.

Faites attention aux routes endommagées

Il est essentiel de faire attention aux routes endommagées après le passage d'un cyclone. Voici pourquoi :

Risques de sécurité : Les routes endommagées peuvent présenter des dangers pour la sécurité des conducteurs et des piétons. Des fissures, des affaissements de chaussée, des trous ou des obstacles peuvent rendre la conduite difficile et augmenter le risque d'accidents.

Risques de crevaison : Les débris, les branches d'arbres ou d'autres objets peuvent obstruer les routes endommagées, ce qui augmente le risque de crevaison des pneus ou de dommages aux véhicules.

Risques d'inondation : Les routes endommagées peuvent être sujettes à l'inondation, en particulier lorsqu'il y a des accumulations d'eau ou des canaux de drainage obstrués. Cela peut rendre la traversée dangereuse, voire impossible.

Difficultés de circulation : Les routes endommagées peuvent entraîner des retards de circulation, des embouteillages et des difficultés de déplacement, ce qui peut compliquer les opérations de secours et les efforts de rétablissement après le cyclone.

Pour faire attention aux routes endommagées, suivez ces conseils :

Conduisez prudemment : Réduisez votre vitesse et soyez vigilant en conduisant sur des routes endommagées. Évitez les mouvements brusques ou les freinages soudains qui pourraient provoquer des accidents.

Observez les panneaux de signalisation : Suivez les panneaux de signalisation et les directives des autorités locales concernant les routes endommagées et les détours éventuels. Ils peuvent fournir des informations importantes sur les conditions de la route.

Signalez les dangers : Si vous repérez des routes endommagées ou des dangers potentiels, signalez-les aux autorités locales ou aux services d'urgence pour qu'ils puissent intervenir rapidement.

Évitez les zones inondées : Si une route est inondée ou partiellement submergée, évitez de la traverser. Attendez que les eaux se retirent ou cherchez des itinéraires alternatifs plus sûrs.

Signaler les incidents et demander de l'aide si nécessaire

Il est important de signaler les incidents et demander de l'aide en cas de besoin pour assurer la sécurité après le passage d'un cyclone. Voici quelques conseils sur la façon de le faire efficacement :

Composez le numéro d'urgence : Si vous êtes témoin d'un incident grave ou si vous avez besoin d'une assistance immédiate, composez le numéro d'urgence approprié de votre région, comme le 112 ou le 911, pour contacter les services d'urgence.

Signalez les incidents aux autorités locales : Si vous observez des routes endommagées, des glissements de terrain, des lignes électriques tombées, des inondations ou d'autres dangers potentiels, signalez-les aux autorités locales ou aux services d'urgence. Ils pourront prendre les mesures nécessaires pour résoudre la situation.

Utilisez les applications mobiles : De nombreuses régions disposent d'applications mobiles permettant aux résidents de signaler les incidents et les problèmes sur les routes, comme les accidents, les arbres tombés, les routes inondées, etc. Téléchargez ces applications et utilisez-les pour signaler les incidents rapidement.

Contactez les services de secours : Si vous êtes pris au piège ou si vous avez besoin d'une assistance spécifique, contactez les services de secours locaux ou les équipes d'intervention d'urgence pour obtenir de l'aide. Ils sont formés pour répondre aux situations d'urgence et fournir une assistance appropriée.

Composez le numéro d'urgence

Si vous êtes confronté à une situation d'urgence nécessitant une intervention immédiate, composez le numéro d'urgence de votre région. Les numéros d'urgence varient selon les pays, mais voici quelques-uns des numéros les plus couramment utilisés :

Europe, incluant la France, l'Espagne, l'Italie, etc. : composez le 112

États-Unis : composez le 911

Canada : composez le 911

Royaume-Uni : composez le 999 ou le 112

Australie : composez le 000

Nouvelle-Zélande : composez le 111

Assurez-vous de connaître le numéro d'urgence approprié pour votre région et de l'utiliser en cas de besoin. Lorsque vous appelez, soyez prêt à fournir autant d'informations que possible sur la situation, y compris votre emplacement exact, la nature de l'urgence et toute autre information pertinente pour aider les secours à répondre efficacement à votre appel.

Signalez les incidents aux autorités locales

Pour signaler des incidents aux autorités locales, suivez ces étapes :

Identifiez l'incident : Notez les détails de l'incident, y compris sa nature, son emplacement exact et toute autre information pertinente.

Trouvez les coordonnées des autorités locales : Recherchez les coordonnées des services d'urgence ou des autorités locales de votre région. Vous pouvez trouver ces informations sur les sites web des gouvernements locaux, dans les annuaires téléphoniques ou en appelant le numéro d'urgence de votre région pour obtenir de l'aide.

Contactez les autorités locales : Appelez ou envoyez un message aux autorités locales pour signaler l'incident. Si vous appelez, assurez-vous d'être prêt à fournir toutes les informations nécessaires sur l'incident, y compris son emplacement, sa gravité et toute autre information pertinente.

Suivez les instructions : Suivez les instructions données par les autorités locales une fois que vous avez signalé l'incident. Ils peuvent vous demander des informations supplémentaires ou vous donner des instructions sur la manière de procéder.

Restez informé : Restez en contact avec les autorités locales pour obtenir des mises à jour sur la situation et sur les mesures prises pour y répondre. Suivez les directives données et coopérez avec les autorités pour aider à résoudre l'incident de manière efficace et sécuritaire.

Réapprovisionner le kit d'urgence et prévoir les réparations nécessaires

Réapprovisionner le kit d'urgence et prévoir les réparations nécessaires sont deux étapes importantes pour assurer votre préparation continue après un cyclone. Voici comment procéder :

Évaluer les besoins du kit d'urgence

Pour évaluer les besoins de votre kit d'urgence, il est important de prendre en compte les éléments essentiels nécessaires pour assurer la sécurité et le bien-être de votre famille en cas d'urgence. Voici quelques catégories à considérer lors de cette évaluation :

Nourriture : Assurez-vous d'avoir suffisamment de nourriture non périssable pour au moins trois jours pour chaque membre de votre famille. Choisissez des aliments faciles à préparer et qui ne nécessitent pas de réfrigération, comme des conserves, des barres énergétiques, des fruits secs, etc.

Eau : Stockez au moins un gallon d'eau par personne et par jour pour au moins trois jours. Assurez-vous d'avoir des réserves d'eau suffisantes pour boire, cuisiner et l'hygiène personnelle.

Médicaments : Si vous prenez des médicaments sur ordonnance, assurez-vous d'avoir une réserve de médicaments pour plusieurs jours. Incluez également des fournitures de premiers secours dans votre kit, comme des pansements, des désinfectants, des médicaments contre la douleur, etc.

Éclairage : Ayez des sources de lumière de secours telles que des lampes de poche avec des piles de rechange ou des lampes à batterie. Les lanternes à piles ou à manivelle peuvent également être utiles.

Communication : Gardez une radio portable à piles ou à manivelle pour recevoir des informations et des mises à jour sur la situation. Assurez-vous d'avoir des piles de rechange pour votre radio.

Vêtements et couvertures : Incluez des vêtements chauds, des couvertures ou des sacs de couchage dans votre kit pour vous protéger contre le froid en cas de panne de courant ou d'évacuation.

Outils et fournitures diverses : Ayez des outils de base comme un couteau multifonction, une trousse d'outils, une pince multiprise, du ruban adhésif, des sacs poubelle et des allumettes imperméables.

Documents importants : Gardez une copie de vos documents importants tels que les pièces d'identité, les polices d'assurance, les certificats de naissance, les passeports, etc., dans un endroit sûr et étanche.

Articles d'hygiène personnelle : Incluez des articles d'hygiène personnelle comme du savon, du shampoing, des lingettes humides, du dentifrice, des serviettes sanitaires, etc.

Argent liquide : Gardez une réserve d'argent liquide en cas de panne de courant ou d'indisponibilité des guichets automatiques.

Réapprovisionner le kit d'urgence

Pour réapprovisionner votre kit d'urgence, suivez ces étapes :

Faites l'inventaire : Passez en revue le contenu de votre kit d'urgence pour identifier les articles manquants ou périmés. Faites une liste des fournitures à acheter.

Achetez des fournitures : Procurez-vous les articles manquants en fonction de votre liste. Assurez-vous d'avoir suffisamment de nourriture, d'eau et de fournitures médicales pour couvrir les besoins de votre famille pendant au moins trois jours.

Vérifiez les dates d'expiration : Vérifiez les dates d'expiration des aliments, des médicaments et des autres fournitures périssables dans votre kit. Remplacez tout ce qui est périmé ou qui approche de sa date limite.

Stockez correctement les fournitures : Rangez les nouveaux articles dans votre kit d'urgence de manière organisée et accessible. Assurez-vous que les articles essentiels sont faciles à trouver en cas d'urgence.

Faites des réserves supplémentaires : Envisagez de constituer des réserves supplémentaires de certains articles, tels que la nourriture non périssable, l'eau et les fournitures médicales, pour faire face à des situations d'urgence prolongées.

Incluez des articles saisonniers : Adaptez votre kit d'urgence en fonction des saisons et des conditions météorologiques locales. Par exemple, incluez des vêtements chauds et des couvertures supplémentaires en hiver, ou des produits anti-moustiques en été.

Mettez à jour les documents importants : Assurez-vous que les documents importants dans votre kit, tels que les pièces d'identité, les polices d'assurance et les contacts d'urgence, sont à jour.

Communiquez avec les membres de la famille : Informez les membres de votre famille des changements apportés à votre kit d'urgence et de l'emplacement des nouvelles fournitures. Assurez-vous que chacun sait ce qui est inclus dans le kit et comment l'utiliser en cas d'urgence.

Vérifier les équipements de secours

Pour vérifier les équipements de secours dans votre kit d'urgence, suivez ces étapes :

Lampes de poche : Vérifiez que les lampes de poche fonctionnent en allumant chacune d'elles.

Assurez-vous d'avoir des piles de rechange pour chaque lampe de poche et remplacez les piles usées.

Radios portables : Testez les radios portables en les allumant et en recherchant des stations.

Vérifiez que les radios sont alimentées par des piles en bon état ou qu'elles sont chargées si elles sont rechargeables.

Extincteurs : Vérifiez l'étiquette de chaque extincteur pour vous assurer qu'il est toujours sous pression et qu'il n'a pas expiré.

Vérifiez visuellement qu'il n'y a pas de dommages extérieurs sur l'extincteur.

Kits de premiers secours : Ouvrez le kit de premiers secours et vérifiez que tous les articles sont présents et en bon état.

Remplacez tout article manquant ou périmé, comme les pansements, les désinfectants et les médicaments.

Outils et équipements divers : Vérifiez que tous les outils et équipements divers, tels que les couteaux, les pinces, les sacs poubelle et les cordes, sont en bon état et prêts à être utilisés.

Remplacez les articles endommagés ou manquants.

Autres équipements spécifiques : Si vous avez d'autres équipements spécifiques dans votre kit d'urgence, comme des kits de purification de l'eau, des sacs de couchage, des tentes ou des produits de communication, vérifiez-les également pour vous assurer qu'ils fonctionnent correctement et sont en bon état.

Instructions d'utilisation : Assurez-vous que tous les membres de votre famille connaissent l'emplacement et le fonctionnement de chaque équipement de secours dans votre kit d'urgence.

Gardez les instructions d'utilisation à portée de main pour chaque équipement, au cas où vous auriez besoin de les consulter en situation d'urgence.

En vérifiant régulièrement vos équipements de secours, vous pouvez vous assurer qu'ils sont prêts à être utilisés en cas d'urgence. Effectuez ces vérifications au moins une fois par an, de préférence avant le début de la saison des tempêtes ou des conditions météorologiques extrêmes.

Mettre à jour les contacts d'urgence

Pour mettre à jour vos contacts d'urgence après un cyclone, suivez ces étapes :

Revue des contacts existants : Passez en revue vos contacts d'urgence actuels pour vous assurer qu'ils sont à jour et précis.

Ajout de nouveaux contacts : Identifiez de nouveaux contacts d'urgence qui pourraient être utiles en cas de besoin, tels que des services de secours locaux, des voisins ou des amis proches.

Mise à jour des coordonnées : Vérifiez les coordonnées de chaque contact d'urgence pour vous assurer qu'elles sont correctes et à jour. Cela peut inclure les numéros de téléphone, les adresses e-mail et les adresses physiques.

Inclusion des membres de la famille : Assurez-vous que tous les membres de votre famille ont les coordonnées des autres membres de la famille en cas d'urgence.

Enregistrement des numéros d'urgence : Enregistrez les numéros d'urgence importants, tels que le numéro des services d'urgence locaux (police, pompiers, ambulance), le numéro de votre compagnie d'assurance et le numéro de votre médecin traitant.

Création d'une liste imprimée : Créez une liste imprimée des contacts d'urgence et placez-la dans un endroit facilement accessible, comme sur le réfrigérateur ou près du téléphone.

Stockage numérique : Enregistrez vos contacts d'urgence dans votre téléphone portable ou dans un fichier électronique sécurisé pour un accès facile en cas de besoin.

Communication avec les proches : Informez vos proches des nouveaux contacts d'urgence et assurez-vous qu'ils ont également accès à ces informations.

Répétition des numéros d'urgence : Répétez régulièrement les numéros d'urgence avec les membres de votre famille pour vous assurer qu'ils les connaissent en cas d'urgence.

Formation sur les procédures d'urgence : En plus des contacts d'urgence, assurez-vous que chaque membre de votre famille connaît les procédures à suivre en cas d'urgence, comme les plans d'évacuation et les premiers secours de base.

Ressources Supplémentaires

Listes de contrôle pour la préparation aux cyclones

Voici une liste de contrôle pour la préparation aux cyclones :

Plan d'urgence familial

Voici un plan d'urgence familial que vous pouvez adapter à vos besoins spécifiques :

Identification des risques : Identifiez les risques potentiels dans votre région, tels que les cyclones, les inondations, les incendies ou les tremblements de terre.

Rassemblement de l'information : Rassemblez les numéros de téléphone d'urgence locaux, y compris ceux des services d'incendie, de police, d'ambulance, ainsi que des services d'urgence médicale et des services publics.

Points de contact hors de la région : Identifiez un membre de la famille ou un ami hors de la région à contacter en cas d'urgence, au cas où vous seriez séparé de votre famille.

Plan de communication : Établissez un plan de communication d'urgence avec votre famille, en désignant un point de ralliement et en convenant d'un moyen de communication en cas de séparation.

Évacuation : Élaborez un plan d'évacuation en identifiant les itinéraires d'évacuation recommandés et les lieux d'abri à proximité.

Prévoyez des véhicules prêts à partir avec un plein d'essence en cas d'évacuation.

Trousses d'urgence : Préparez des trousses d'urgence pour la maison, la voiture et le lieu de travail, contenant des fournitures essentielles telles que de l'eau, de la nourriture non périssable, des médicaments, des lampes de poche, des piles, une radio portable, des articles d'hygiène personnelle, des vêtements de rechange, des couvertures et des documents importants.

Sécurité des animaux domestiques : Planifiez la sécurité des animaux domestiques en cas d'évacuation en préparant une trousse d'urgence pour les animaux domestiques avec de la nourriture, de l'eau, des médicaments, des documents vétérinaires et une laisse.

Protéger la maison : Prenez des mesures pour sécuriser votre maison, comme renforcer les portes et les fenêtres, élaguer les arbres et fixer les objets extérieurs.

Coordination avec les voisins : Coordonnez avec vos voisins pour vous entraider en cas d'urgence et partagez vos plans d'urgence respectifs.

Formation et pratiques : Effectuez des exercices de simulation d'urgence en famille pour vous familiariser avec les procédures à suivre en cas de catastrophe.

Révisez et mettez à jour votre plan d'urgence régulièrement pour vous assurer qu'il reste pertinent et efficace.

Trousses d'urgence

Voici ce que vous pouvez inclure dans vos trousses d'urgence pour différents contextes :

Trousse d'urgence pour la maison

Eau : Prévoir au moins 3 jours d'approvisionnement en eau (environ 4 litres par personne et par jour).

Nourriture : Aliments non périssables comme des conserves, des barres énergétiques, des fruits secs, des biscuits, etc.

Premiers secours : Trousse de premiers secours complète comprenant des pansements, des compresses, des ciseaux, du ruban adhésif, des médicaments courants, etc.

Éclairage : Lampes de poche avec piles de rechange ou lampes à dynamo.

Communication : Radio portable à piles ou à manivelle pour recevoir les informations en cas de panne de courant.

Articles d'hygiène : Savon, serviettes sanitaires, lingettes humides, désinfectant pour les mains, etc.

Vêtements et couvertures : Vêtements de rechange appropriés, couvertures ou sacs de couchage.

Outils et fournitures divers : Ouvre-boîtes, couteau polyvalent, allumettes étanches, sifflet, corde, ruban adhésif, etc.

Documents importants : Copies des documents essentiels comme les pièces d'identité, les polices d'assurance, les contrats, etc.

Argent liquide : Une petite somme d'argent liquide en cas de besoin.

Trousse d'urgence pour la voiture

Eau et nourriture : Bouteilles d'eau et aliments non périssables comme des barres énergétiques.

Kit de premiers secours : Trousse de premiers secours comprenant des bandages, des compresses, des ciseaux, du ruban adhésif, des médicaments de base, etc.

Outils et équipements : Lampe de poche, piles de rechange, câbles de démarrage, outils de base, triangle de signalisation, gilet réfléchissant, etc.

Couverture et vêtements chauds : Couverture de survie et vêtements chauds appropriés en cas d'urgence par temps froid.

Articles de sécurité : Kit de sécurité routière comprenant des fusées éclairantes, un extincteur d'incendie, un cric et une roue de secours.

Documents : Liste de contacts d'urgence, informations d'assurance, documents du véhicule, etc.

Argent liquide : Une petite réserve d'argent liquide pour les péages ou autres besoins.

Trousse d'urgence pour le lieu de travail

Nourriture et eau : Collations non périssables et bouteilles d'eau.

Premiers secours : Trousse de premiers secours complète avec des fournitures médicales de base.

Communication : Radio portable ou téléphone portable chargé avec un chargeur portable.

Vêtements et chaussures : Tenue de rechange et chaussures confortables en cas d'évacuation.

Éclairage : Lampe de poche avec piles de rechange.

Articles d'hygiène : Articles d'hygiène personnelle de base comme des lingettes humides et du désinfectant pour les mains.

Argent liquide : Une petite somme d'argent liquide en cas de besoin urgent.

Assurez-vous de vérifier régulièrement vos trousses d'urgence pour vous assurer que les fournitures sont à jour et que rien n'a expiré.

Communication

En matière de communication dans un plan d'urgence, il est essentiel de disposer de différents moyens de communication pour rester en contact avec votre famille et les autorités locales. Voici quelques éléments à considérer :

Téléphones portables : Assurez-vous que tous les membres de la famille disposent de téléphones portables chargés avec des batteries de secours si possible. Conservez une liste de contacts d'urgence dans chaque téléphone.

Radio portable : Avoir une radio portable à piles ou à manivelle pour recevoir les informations météorologiques et les alertes d'urgence en cas de panne de courant. Assurez-vous d'avoir des piles de rechange.

Applications mobiles : Téléchargez des applications météorologiques et des applications d'alerte d'urgence sur vos téléphones portables pour recevoir des mises à jour en temps réel sur les conditions météorologiques et les événements d'urgence.

Réseaux sociaux : Suivez les comptes des autorités locales sur les réseaux sociaux pour obtenir des informations et des mises à jour sur les conditions météorologiques et les alertes d'urgence. Partagez également votre statut et vos besoins avec vos proches via les réseaux sociaux si possible.

Messages texte : En cas de congestion du réseau téléphonique, les messages texte peuvent être plus fiables que les appels vocaux. Assurez-vous que tous les membres de la famille savent comment envoyer et recevoir des messages texte.

Point de ralliement : Convenez d'un point de ralliement avec votre famille où vous pourrez vous retrouver en cas de séparation. Assurez-vous que tous les membres de la famille connaissent l'emplacement et les coordonnées du point de ralliement.

Communication avec les voisins : Établissez une chaîne de communication avec vos voisins pour vous entraider en cas d'urgence. Échangez vos numéros de téléphone et discutez des plans d'urgence respectifs.

Services d'urgence : Conservez les numéros de téléphone des services d'urgence locaux, tels que la police, les pompiers et les services médicaux d'urgence, dans un endroit facilement accessible.

En ayant plusieurs moyens de communication à votre disposition, vous pouvez rester informé et en contact avec votre famille et les autorités locales pendant une situation d'urgence, ce qui est essentiel pour assurer votre sécurité et votre bien-être.

Abri

Lors de la préparation d'un plan d'urgence, l'identification et la préparation d'un abri sont des étapes essentielles. Voici quelques éléments à considérer pour trouver un abri approprié :

Abri à domicile : Identifiez une pièce centrale de votre maison, de préférence sans fenêtres ou avec des fenêtres résistantes aux tempêtes, comme une salle de bain, un placard sous l'escalier ou un couloir intérieur.

Renforcez cette pièce en fixant des contrevents ou des panneaux de contreplaqué sur les fenêtres et en consolidant les portes.

Abri communautaire : Renseignez-vous sur les abris communautaires désignés dans votre région, tels que les écoles, les centres communautaires ou les églises.

Connaissez les heures d'ouverture et les règles d'admission de ces abris.

Prévoyez un moyen de transport pour vous rendre à l'abri communautaire si nécessaire.

Abri temporaire : Si vous n'avez pas accès à un abri sûr, envisagez de créer un abri temporaire dans votre maison à l'aide de matelas ou de couvertures épaisses pour vous protéger des débris en cas de fenêtres brisées ou de toit endommagé.

Abri pour les animaux domestiques : Préparez un abri sûr pour vos animaux domestiques, qu'il s'agisse d'une pièce intérieure de votre maison ou d'une cage de transport résistante.

Plan d'évacuation : En cas d'ordre d'évacuation, suivez les instructions des autorités locales et rendez-vous à l'abri désigné le plus proche.

Si vous devez évacuer vers un abri communautaire, apportez avec vous vos trousses d'urgence, vos médicaments, vos documents importants et des provisions pour plusieurs jours.

Préparation de la maison

La préparation de la maison est essentielle pour réduire les dommages potentiels causés par un cyclone. Voici quelques mesures que vous pouvez prendre pour sécuriser votre maison :

Renforcement des portes et des fenêtres : Installez des volets tempêtes ou des panneaux de contreplaqué sur les fenêtres pour les protéger des vents violents.

Renforcez les portes extérieures avec des serrures et des charnières robustes, et envisagez d'installer des barres de sécurité pour les portes coulissantes en verre.

Inspection du toit : Assurez-vous que votre toit est en bon état et qu'il ne présente pas de fuites. Réparez toute tuile ou ardoise lâche.

Considérez l'installation de fixations supplémentaires pour sécuriser les tuiles ou les bardeaux.

Élimination des débris : Enlevez tous les objets extérieurs susceptibles de devenir des projectiles par temps venteux, tels que les meubles de jardin, les poubelles, les jouets pour enfants, etc.

Taillez les arbres et les arbustes pour éliminer les branches mortes ou surplombantes.

Sécurisation des installations extérieures : Fixez solidement les antennes paraboliques, les panneaux solaires et les autres installations extérieures au toit ou à la structure de la maison.

Réparez les clôtures endommagées et assurez-vous qu'elles sont bien ancrées dans le sol.

Vérification des gouttières et des drains : Nettoyez les gouttières et les drains pour assurer un écoulement adéquat de l'eau de pluie et éviter les inondations autour de votre maison.

Stockage sécurisé : Rangez les objets fragiles ou précieux à l'intérieur de la maison ou dans un endroit sûr à l'abri des tempêtes.

Plan d'évacuation : Élaborez un plan d'évacuation pour votre famille, en identifiant les itinéraires d'évacuation sûrs et les lieux d'abri à proximité.

Test des équipements de sécurité : Vérifiez le bon fonctionnement de vos détecteurs de fumée et de monoxyde de carbone, ainsi que de vos extincteurs d'incendie. Remplacez les piles si nécessaire.

Assurance : Vérifiez votre police d'assurance habitation pour vous assurer que vous avez une couverture adéquate en cas de dommages causés par les tempêtes.

Évacuation

L'évacuation est souvent nécessaire lorsque votre sécurité est menacée par un cyclone. Voici quelques étapes à suivre pour planifier une évacuation en toute sécurité :

Suivre les instructions des autorités locales : Écoutez attentivement les consignes des autorités locales et suivez leurs recommandations en matière d'évacuation. Ils peuvent fournir des directives spécifiques sur les zones à évacuer et les itinéraires à suivre.

Préparer un kit d'urgence : Rassemblez une trousse d'urgence comprenant de l'eau, de la nourriture non périssable, des médicaments, des vêtements de rechange, des articles d'hygiène personnelle, des lampes de poche, des piles, une radio portable, des documents importants, de l'argent liquide, etc.

Établir un plan d'évacuation : Planifiez à l'avance votre itinéraire d'évacuation vers un lieu sûr, tel qu'un abri communautaire ou la maison d'un proche en dehors de la zone à risque.

Identifiez plusieurs itinéraires d'évacuation possibles au cas où l'un serait bloqué ou impraticable.

Préparer votre véhicule : Assurez-vous que votre véhicule est en bon état de fonctionnement et a un plein d'essence.

Chargez votre kit d'urgence, et si vous avez des animaux domestiques, préparez également leur transport en utilisant des cages.

S'informer sur les conditions de la route : Vérifiez les conditions routières avant de partir pour éviter les routes inondées ou bloquées.

Écoutez les bulletins météorologiques pour obtenir des mises à jour sur les conditions météorologiques et les alertes d'urgence.

Évacuer tôt : Ne pas attendre le dernier moment pour évacuer. Évacuez dès que les autorités émettent un ordre d'évacuation pour éviter les embouteillages et les conditions dangereuses sur les routes.

Protéger votre maison : Fermez et verrouillez toutes les portes et fenêtres, débranchez les appareils électriques et les systèmes de gaz si nécessaire, et suivez les instructions spécifiques pour sécuriser votre maison avant de partir.

Garder contact : Informez vos proches et voisins de votre plan d'évacuation et de votre destination prévue. Tenez-les informés de votre situation tout au long du processus d'évacuation.

Animaux domestiques

Lors de la planification d'une évacuation en cas de cyclone, il est important de prendre en compte la sécurité de vos animaux domestiques. Voici quelques étapes à suivre pour assurer leur bien-être :

Identifiez les options d'hébergement : Renseignez-vous à l'avance sur les refuges ou les installations d'évacuation qui acceptent les animaux domestiques dans votre région. Certains refuges pour animaux peuvent être mis en place spécifiquement en cas d'urgence.

Si vous évacuez vers la maison d'un ami ou d'un membre de la famille, assurez-vous qu'ils acceptent également les animaux.

Préparez un kit d'urgence pour vos animaux : Rassemblez de la nourriture pour plusieurs jours, de l'eau, des bols, des médicaments, des laisses, des colliers avec étiquettes d'identification, des jouets et des couvertures confortables.

Incluez des copies des dossiers médicaux de vos animaux, y compris les preuves de vaccination et les informations de contact du vétérinaire.

Transportez vos animaux en toute sécurité : Utilisez des cages de transport ou des laisses pour maintenir vos animaux en sécurité pendant le transport.

Si vous avez des chats, assurez-vous qu'ils sont dans des cages de transport appropriées et qu'ils ont des étiquettes d'identification avec vos coordonnées.

Préparez vos animaux pour l'évacuation : Habituez vos animaux à leurs cages de transport avant une évacuation potentielle en les laissant explorer et s'habituer à l'intérieur.

Assurez-vous que les animaux portent des colliers avec des étiquettes d'identification claires, y compris votre nom, votre adresse et un numéro de téléphone.

Gardez vos animaux à proximité : Ne laissez jamais vos animaux seuls à l'extérieur pendant une tempête. S'ils doivent rester dehors, assurez-vous qu'ils ont un abri sûr et sec.

Restez calme et rassurant : Les animaux peuvent être stressés pendant une évacuation. Essayez de rester calme et rassurant pour les aider à se sentir en sécurité.

Donnez-leur des moments de calme et d'attention pour les aider à se détendre.

Restez informé : Suivez les recommandations des autorités locales concernant l'évacuation des animaux domestiques.

Renseignez-vous sur les ressources locales disponibles pour aider à la gestion des animaux domestiques pendant les situations d'urgence.

Documents importants

Lors de la préparation à un cyclone et à une éventuelle évacuation, il est essentiel de protéger et de rassembler des documents importants pour vous assurer que vous avez accès à toutes les informations nécessaires en cas d'urgence. Voici une liste des documents à inclure dans votre kit d'urgence :

Identité et documents personnels : Cartes d'identité, passeports, permis de conduire.

Cartes de sécurité sociale, cartes d'assurance maladie.

Actes de naissance, actes de mariage.

Documents de citoyenneté (le cas échéant).

Documents financiers : Cartes de crédit, cartes de débit.

Numéros de compte bancaire.

Polices d'assurance (habitation, automobile, santé, vie).

Documents de propriété (titres de propriété, baux de location).

Liste des comptes bancaires et mots de passe.

Documents médicaux : Liste des allergies, des médicaments et des conditions médicales.

Carnet de vaccination et dossiers médicaux des membres de la famille.

Ordonnances de médicaments, numéros de téléphone des médecins et des pharmacies.

Documents légaux : Testaments, procurations et directives anticipées.

Contrats, baux, polices d'assurance.

Documents de propriété (titres de propriété, baux de location).

Documents de garde d'enfants ou de tutelle (le cas échéant).

Documents d'urgence : Liste des contacts d'urgence (famille, amis, voisins, médecins, vétérinaires).

Numéros de téléphone des services d'urgence locaux (police, pompiers, hôpitaux).

Carte d'évacuation avec l'emplacement des abris d'urgence et des centres d'évacuation.

Autres documents importants : Certificats d'éducation, diplômes, relevés de notes.

Photos ou vidéos des biens personnels pour les réclamations d'assurance.

Contrats de services (électricité, eau, téléphone, Internet).

Documents de voyage (billets d'avion, réservations d'hôtel, visas).

Assurez-vous de garder ces documents dans un endroit sûr et imperméable, comme un sac étanche ou une pochette de documents résistante aux intempéries. Idéalement, créez des copies numériques de ces documents et stockez-les sur un lecteur flash USB portable ou dans un espace de stockage en ligne sécurisé. En ayant ces documents à portée de main, vous serez mieux préparé à faire face à une situation d'urgence.

Informations météorologiques

Pour rester informé sur les conditions météorologiques pendant un cyclone et prendre les mesures nécessaires, il est essentiel de suivre les informations météorologiques fournies par les autorités compétentes. Voici quelques sources d'informations météorologiques à considérer :

Bulletins météorologiques officiels : Écoutez les bulletins météorologiques diffusés à la radio et à la télévision par les services météorologiques nationaux ou régionaux.

Consultez les sites web des services météorologiques officiels pour obtenir des mises à jour en temps réel sur les conditions météorologiques locales et les prévisions.

Applications météorologiques : Téléchargez des applications météorologiques fiables sur votre smartphone ou votre tablette pour recevoir des alertes météorologiques et des prévisions.

Assurez-vous de choisir des applications qui fournissent des informations précises et actualisées sur les cyclones et autres phénomènes météorologiques dangereux.

Alertes d'urgence : Inscrivez-vous aux alertes d'urgence de votre région via des applications mobiles, des systèmes d'alerte par SMS ou des services de notification par e-mail.

Ces alertes vous permettront de recevoir des avertissements instantanés en cas de conditions météorologiques extrêmes, y compris les cyclones, les tornades et les inondations.

Réseaux sociaux : Suivez les comptes officiels des services météorologiques et des autorités locales sur les réseaux sociaux pour obtenir des mises à jour en temps réel et des conseils de sécurité.

Rejoignez des groupes de discussion ou des communautés en ligne dédiées aux préparatifs aux cyclones pour partager des informations et des conseils avec d'autres personnes dans votre région.

Radios météorologiques et NOAA Weather Radio : Achetez une radio météorologique ou un récepteur NOAA Weather Radio pour recevoir des bulletins météorologiques en cas de panne de courant ou de perte de connexion Internet.

Ces radios diffusent des alertes météorologiques officielles émises par le National Weather Service (NWS) des États-Unis.

Pratique

La pratique est un aspect essentiel de la préparation aux cyclones. Voici quelques étapes à suivre pour pratiquer vos plans et procédures avant l'arrivée d'un cyclone :

Plan d'évacuation : Organisez des exercices d'évacuation avec votre famille pour vous assurer que tout le monde sait quoi faire en cas d'urgence.

Passez en revue les itinéraires d'évacuation et les points de rassemblement désignés.

Sécurisation de la maison : Pratiquez l'installation de volets tempêtes ou de panneaux de contreplaqué sur les fenêtres.

Entraînez-vous à renforcer les portes et à fixer les éléments extérieurs pour réduire les risques de dommages.

Communication : Testez vos moyens de communication d'urgence, tels que les radios à piles, les téléphones portables et les talkies-walkies.

Assurez-vous que chaque membre de la famille sait comment contacter les autres en cas de séparation.

Évacuation des animaux domestiques : Pratiquez à mettre vos animaux domestiques dans leurs cages de transport ou à les attacher en toute sécurité pour le transport.

Faites des simulations d'évacuation pour vous assurer que vous pouvez évacuer vos animaux rapidement et en toute sécurité.

Utilisation du kit d'urgence : Familiarisez-vous avec le contenu de votre kit d'urgence et son utilisation.

Pratiquez l'ouverture et la fermeture rapide de votre kit d'urgence pour pouvoir y accéder rapidement en cas de besoin.

Évacuation de la voiture : Entraînez-vous à évacuer rapidement votre véhicule et à charger vos fournitures d'urgence.

Pratiquez à attacher vos animaux domestiques en toute sécurité et à les installer confortablement dans la voiture.

Suivi des instructions : Pratiquez à suivre les instructions des autorités locales en cas d'alerte ou d'ordre d'évacuation.

Enseignez aux membres de votre famille les signaux d'alerte et les consignes de sécurité à suivre en cas de cyclone.

Sites web et applications pour suivre les prévisions météorologiques

Voici quelques sites web et applications pour suivre les prévisions météorologiques et obtenir des informations sur les services d'urgence locaux :

Sites web pour suivre les prévisions météorologiques

Météo-France : Site officiel de Météo-France, fournissant des prévisions météorologiques détaillées pour la France et ses territoires d'outre-mer.

Site web : Météo-France

The Weather Channel : Site web proposant des prévisions météorologiques mondiales, des alertes météo et des articles sur les phénomènes météorologiques.

Site web : The Weather Channel

AccuWeather : Site web proposant des prévisions météorologiques précises, des cartes interactives et des alertes météo.

Site web : AccuWeather

Applications pour suivre les prévisions météorologiques

Météo-France : L'application officielle de Météo-France offre des prévisions météorologiques précises, des alertes météo et des cartes interactives.

Disponible sur Android et iOS.

The Weather Channel : L'application de The Weather Channel propose des prévisions météorologiques détaillées, des alertes météo et des vidéos météo en direct.

Disponible sur Android et iOS.

AccuWeather : L'application AccuWeather offre des prévisions météorologiques hyperlocales, des alertes météo et des cartes radar interactives.

Disponible sur Android et iOS.

Coordonnées des services d'urgence locaux

Pour obtenir les coordonnées des services d'urgence locaux dans votre région, vous pouvez contacter :

La mairie de votre ville ou commune.

Le service départemental d'incendie et de secours (SDIS) de votre département.

La préfecture ou la sous-préfecture de votre région.

Ces organismes pourront vous fournir des informations sur les numéros d'urgence à composer en cas d'incident ou de situation d'urgence, ainsi que sur les procédures à suivre en cas de cyclone ou d'autres dangers naturels.

Conclusion

Se protéger des cyclones demande une préparation rigoureuse et une vigilance constante. Voici les principaux points à retenir :

Comprendre les cyclones : Connaître leur formation, leur évolution et les différentes appellations selon les régions (ouragans, typhons, cyclones tropicaux).

Surveiller les prévisions et alertes : Suivre les bulletins météorologiques officiels et prêter attention aux alertes des autorités pour anticiper les risques.

Planifier en amont : Élaborer un plan d'urgence familial, identifier les zones à risque, prévoir un itinéraire d'évacuation et sécuriser son domicile.

Préparer un kit d'urgence : Rassembler des provisions essentielles (eau, nourriture, médicaments, lampes de poche, radio, documents importants).

Penser aux animaux domestiques : Intégrer leur sécurité dans votre plan d'évacuation et prévoir des provisions pour eux.

S'exercer régulièrement : Répéter les procédures d'évacuation et l'utilisation du matériel d'urgence pour être prêt en cas de crise.

Suivre les consignes des autorités : Écouter les recommandations officielles et évacuer si nécessaire pour assurer la sécurité de tous.

En restant informé et en adoptant une approche proactive, nous pouvons mieux nous protéger, limiter les dégâts et assurer la résilience de nos communautés face aux cyclones. Soyez préparé, restez vigilant et agissez avec responsabilité pour la sécurité de tous.